KB075471

비유와 그림으로 '코딩 까막눈' 탈출!

첫 코딩

보통 사람이 알아야 할 **프로그래밍 기초**
with 자바

정동균 지음

이지스 퍼블리싱

코딩별★에
불시착한 보통 사람들을 위한
Do it! 시리즈

Do it! 첫 코딩 — 보통 사람이 알아야 할 **프로그래밍 기초**

초판 발행 • 2019년 11월 20일
초판 6쇄 발행 • 2023년 2월 17일

지은이 • 정동균
펴낸이 • 이지연
펴낸곳 • 이지스퍼블리싱(주)
출판사 등록번호 • 제313-2010-123호
주소 • 서울특별시 마포구 잔다리로 109 이지스빌딩 4층
대표전화 • 02-325-1722 | 팩스 • 02-326-1723
홈페이지 • www.easyspub.co.kr | 페이스북 • www.facebook.com/easyspub
Do it! 스터디룸 카페 • cafe.naver.com/doitstudyroom | 인스타그램 • instagram.com/easyspub_it

총괄 • 최윤미 | 기획 및 책임 편집 • 이수진 | IT 1팀 • 이수진, 임승빈, 이수경
교정교열 • 이명애 | 표지 디자인 • 이유경, 정우영 | 삽화 • 김학수 | 본문 디자인 및 전산편집 • 트인글터
마케팅 • 박정현, 한송이, 이나리 | 인쇄 및 제본 • SJ프린팅 | 독자지원 • 박애림, 오경신
영업 및 교재 문의 • 이주동, 김요한(support@easyspub.co.kr)

ISBN 979-11-6303-118-5 13000
가격 14,000원

어서 오세요~
코딩은 처음이죠?

초등 고학년부터 대학생, 어르신까지~
이 책으로 누구나 프로그래밍의 ABC를 배울 수 있답니다!

- '코딩 공부해야 하는데…' 말만 하고 **엄두를 내지 못했던 사람**
- 두꺼운 프로그래밍 책을 보다가 좌절한 **공대 신입생**
- 개발자의 말을 알아듣지 못하는 **기획자, 디자이너**
- IT와 관련 있는 회사의 면접을 봐야 하는 **취업 준비생**
- 디지털 혁명 시대, 막막한 **리더들**

디지털 혁명 시대의 필수 소양, 코딩!

'문과식' 비유와 그림으로 쉽게 이해!
문턱 없는 실습으로 빠르게 IT 지식인 된다!

컴퓨터가 야구 기사를 쓰고, 의사는 인공지능의 도움을 받아 환자의 치료법을 선택합니다. 기업들은 빅데이터 분석을 통해 마케팅의 효율을 극대화하며, 코딩 테스트를 취업의 관문으로 넣기 시작했습니다. 이렇듯 컴퓨터 기술은 우리도 모르는 사이에 삶 속에 스며들어 있습니다. 이미 우리는 디지털 세상의 생산자이자 소비자입니다. 이러한 흐름을 반영하듯 전 세계가 코딩을 가르치기 시작했고, 우리나라도 최근에 코딩을 정규 교육과정으로 편성했습니다. 컴퓨터공학을 전공하지 않았어도 코딩을 알아야 하며, 컴퓨터와 대화하는 능력이 기본이 되기 시작한 것입니다.

초등 고학년부터 대학생, 어르신까지
쫄지 마세요! 이 책을 보면 개발자의 언어를 이해할 수 있다!

이와 같은 흐름에 우리는 어떻게 대처해야 할까요? 이 책은 여러분과 같이 '어느 날 갑자기 코딩을 알아야 하는 상황'에 처한 보통 사람들을 위하여 쓰여졌습니다. 디지털 시대에 알아야 할 프로그래밍의 52가지 개념을 '비전공자의 입장'에서 설명하죠. 업계 사람들이 사용하는 말투가 아닌, 초등 고학년부터 대학생, 중·장년층까지 누구나 쉽게 읽을 수 있도록 '문과식' 설명으로 편안하게 코딩의 길로 안내합니다.

뿐만 아니라 클래스, 배열, 랜덤, 예외처리 등 현업에서 사용하는 응용기술도 배워 디지털 시대의 기반을 이해하고 공감할 수 있습니다. 개발자와 협업해서 일하는 기획자, 디자이너, 마케터라면 이런 내용을 다룬 04장과 05장까지 꼼꼼하게 보세요. 책을 덮은 후에는 개발자의 말에 자신 있게 고개를 끄덕일 수 있을 것입니다.

99가지 비유와 그림!
'컴퓨터가 생각하고 행동하는 방식'을 유쾌하게 배운다!

그런데 도대체 '이공계식'이 아닌 '문과식' 설명이 뭐냐고요?
수학이나 컴퓨터와 관련된 전문용어 하나 없이, 쉬운 비유와 그림으로 코딩의 개념을 설명하는 것을 말합니다. 메신저로 대화하듯 컴퓨터와 대화하는 방법을 배우죠. 비전공자, 청소년도 읽을 수 있을 정도로 재미있는 코딩 이야기, 한번 들어보실래요?

사람의 언어로 설명하는 '프로그래밍 언어'(15쪽)

게임에 비유한 '멀티스레딩'(244쪽)

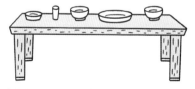

식탁과 그릇에 비유한 '램 메모리'와 '변수'(71쪽)

핫케이크 만들기에 비유한 '메서드'(83쪽)

편리해요! 인터넷만 되면 바로 코딩 실습!
동영상 강의까지 모두 차려놓았으니, 키보드만 잡으세요~

"좋아! 코딩 시작해 보는 거야!" 호기롭게 시작했다가 '프로그램 설치'라는
장벽과 영문 설명, 복잡한 옵션 때문에 코딩을 포기한 사람들이 많죠?
디지털 세상이 발전한 만큼, 코딩 역시 쉽게 배우는 방법이 생기고 있습니
다. 이 책도 그 방법을 이용해 아주 편리하게 코딩을 접할 수 있습니다. 인
터넷만 연결하면 바로 실습할 수 있고, 심지어 스마트폰에서도 가능하답
니다. 실습 화면 옆에는 동영상 강의도 있어서 따로 해설 링크를 찾을 필요
도 없습니다.

온라인 코딩 교실 엘리스(https://academy.elice.io/)에 회원가입하면
이 책에 수록된 문제를 실습할 수 있고, 동영상 강의까지 볼 수 있습니다(실습 안내는 92쪽 참고).

일러두기 이 책의 코드는 가장 대중적인 프로그래밍 언어인 자바Java 언어를 사용합니
다. 하지만 수많은 언어 중 하나로 선택했을 뿐, 자바 언어의 문법에 집중하지
않고, 어떤 언어로 배우든 알아야 하는 '프로그래밍의 개념 자체'에 집중합니다. 물론, 자
바 언어를 전혀 몰라도 누구나 쉽게 읽을 수 있습니다.

코딩별★에 불시착한 보통 사람들을 위한
Do it! 첫 코딩

03

컴퓨터는 어떻게
생각하고 판단할까?

04

코딩 종합선물세트,
클래스를 열어보자!

05

진짜 코딩하려면
여기까지 알아야 해

04장, 05장에서는 현업에서 사용하는 응용기술을 배웁니다.
하지만 걱정 마세요! 초보자도 읽을 수 있도록 쉽게 풀어 썼으니까요!

혼자 공부해도 충분하고 교재로도 훌륭해요!
8회 완성 목표를 세우고 '코딩할 줄 아는 사람'이 되세요!

코딩 독학자, 기초 프로그래밍을 가르치는 선생님들에게 추천합니다!

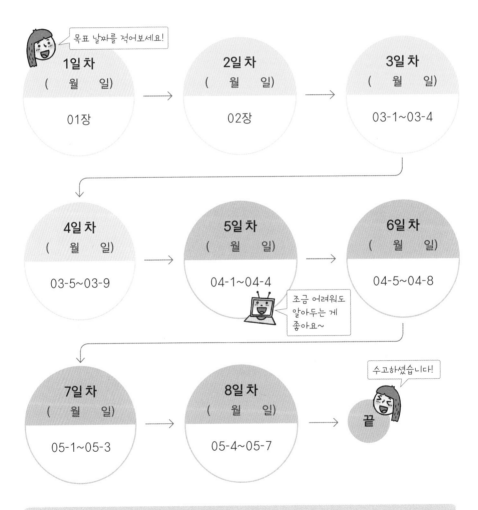

52가지 코딩&컴퓨터 기본 개념 사전

이 책을 읽으면 다음의 52가지 개념을 모두 이해하게 됩니다!
쪽수를 따라가 바로 확인해 보세요~

01

코딩별★로
떠나보자!

코딩이란 도대체 무엇일까요? 왜 코딩이 필요할까요?

어렵게 생각하지 말아요. 컴퓨터 언어는 사람의 언어와 비슷한 면이 많답니다!

이번 장에서는 컴퓨터 언어가 무엇인지 살펴보고, 컴퓨터 언어를 몰라도

컴퓨터와 대화할 수 있도록 도와주는 번역자인 '프로그래밍 언어'에 대해서도 알아봅니다.

자 그럼, 코딩별★로 들어가 볼까요?

01-1

컴퓨터 언어?
사람의 언어랑 비슷해

여러분은 외국어를 몇 개 국어나 할 수 있나요? 대부분은 모국어인 한국어를 제외하고, 영어 조금과 학교에서 배운 제2외국어 인사말 정도 아는 수준일 것입니다. (제가 너무 과소평가한 건 아니죠? 평균이 그렇다는 말입니다.) 외국어를 배우기 어려운 이유는 새로운 언어이기 때문인 것도 있지만 일상생활에서 외국어를 사용할 일이 별로 없기 때문입니다. 컴퓨터 언어도 '외국어를 배우는 것'과 비슷합니다. 새로운 언어이기 때문에 자주 접하고 많이 사용해야 실력이 늡니다. 그럼 컴퓨터 언어를 살펴보기 전에 우리가 언어를 이해하는 방법을 잠깐 생각해 보겠습니다.

우리가 언어를 이해하는 방법

우리말로 '사과'인 빨갛고 동그랗게 생긴 과일을 영어인 'apple'로 얘기해도, 일본어인 'リンゴ'로 얘기해도 듣는 사람의 머릿속에는 '사과', 'apple', 'リンゴ'와

같은 단어가 아니라 빨갛고 동그랗게 생긴 사과 이미지가 떠오릅니다. 즉, 언어는 사람과 사람 사이에 정보를 전달하기 위한 수단일 뿐이고 머리로는 언어를 생각하지 않습니다. 아주 오래전 '언어'가 아직 발달하지 않았을 때 인류의 선조들이 그림으로 표현하고 소통했던 것과도 일맥상통하지요.

컴퓨터가 대화를 이해하는 방법

컴퓨터의 세계도 사람의 세계와 똑같습니다. 사과를 '사과', 'Apple', 'リンゴ'로 언어마다 다르게 표현하듯이, 컴퓨터와 사람이 대화하는 '언어'에도 여러 종류가 있습니다. 또한 어떤 언어로 말하든 사람이 머릿속으로 사과 이미지를 떠올리듯이, 컴퓨터는 머릿속에서 한 가지 방법으로만 생각합니다.
컴퓨터가 머릿속에서 생각하는 한 가지 방법은 무엇일까요?

01-2

01101000로 말해야 알아들을 수 있어
─ 비트(Bit)

컴퓨터는 머릿속에서 **비트**bit라는 단위로 생각을 합니다. 비트? 조금 낯선 용어인가요? 비트의 원래 의미를 사전에서 찾아보았습니다.

> **bit**
> 1. **조금, 약간**
> 2. (시간이나 거리가) **잠깐**
> 3. (양·수의) 조금; 한 조각

단어의 의미는 '조금', '잠깐'이네요. 아마도 컴퓨터를 처음 개발한 분들이 컴퓨터의 생각 단위가 너무너무 단순하고 쪼그마하다고 해서 '쪼끔'이라는 별명을 붙인 것 같습니다.

얼마나 단순하기에 '쪼끔'이라고 했을까요? 비트에는 딱 두 가지 뜻만 있습니다. 전등의 스위치를 켜고 끄는 것과 같은 의미인 끄다^{Off}와 켜다^{On}입니다.

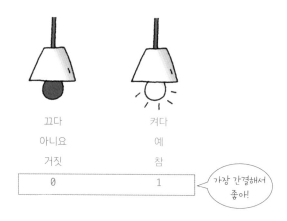

컴퓨터가 개발된 초기에는 '전기가 들어오고, 들어오지 않고'를 하나의 의미_{신호,} _{Signal}로 이해했습니다. 하지만 '전기가 들어오고, 들어오지 않고'와 같이 표현하면 의미 전달이 간결명료하지 않기 때문에 쉽게 '아니요^{No} 또는 예^{Yes}' 혹은 '거짓 False 또는 참^{True}' 혹은 '0 또는 1'이라고 표현을 바꿔서 말하기 시작합니다. 이 중에서 '0 또는 1'이 짧은 말을 좋아했던 초기 개발자들이 가장 선호한 표현이었습니다.

결론적으로 '비트는 0 또는 1 중 하나의 정보를 가지는 쪼끔만 정보 단위다'라고 이해할 수 있습니다.

01-3

우리 0과 1의 조합으로 약속하자
— 코드(Code)

그런데 좀 이상합니다. 손바닥만 한 스마트폰도 상상할 수 없을 만큼 다양한 일을 처리하는데, 컴퓨터가 생각하는 방식이 이렇게 단순해도 될까요? 혹시 제가 너무 케케묵은 옛날이야기를 하는 것은 아닐까요?

아래 '예/아니요 대화방'을 보면서 같이 생각해 보겠습니다.

이런! '예, 아니요'로 단순하게 대답하라고 하니 '당신은 몇 학년입니까?'와 같은 질문에는 답변할 방법이 없네요. 하지만 이런 상황이 되면 기지를 발휘해서 해결 방법을 찾는 사람들이 언제나 있죠? 누군가 아래 그림과 같이 컴퓨터다운 해결 방법을 찾았답니다.

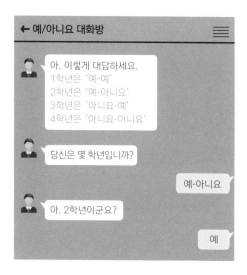

'예, 아니요' 둘 중 하나만 선택할 때는 두 가지 의미밖에 전달이 안 되었는데, '예, 아니요'를 2번 연결해서 사용하니 두 가지 이상의 의미도 전달할 수 있네요. 그럼 이제 '예, 아니요' 대신에 컴퓨터가 선호하는 단순한 표현인 '0, 1'로 대화를 바꿔보겠습니다.

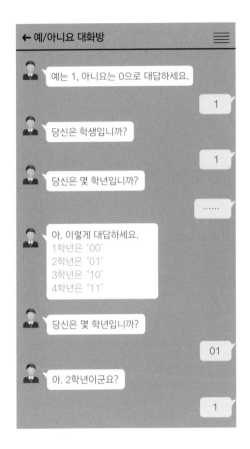

예/아니요 대화방

예는 1, 아니요는 0으로 대답하세요.

1

당신은 학생입니까?

1

당신은 몇 학년입니까?

……

아. 이렇게 대답하세요.
1학년은 '00'
2학년은 '01'
3학년은 '10'
4학년은 '11'

당신은 몇 학년입니까?

01

아. 2학년이군요?

1

좀 그럴싸해 보이나요? 컴퓨터 개발자들은 쪼그마한 단위인 비트를 이렇게 여러 번 연결하는 방식으로 여러 가지 표현을 할 수 있게 만들었습니다. 그리고 위 대화방에서 '1학년은 00'이고 '2학년은 01'이라고 한 것처럼, 각기 다른 비트의 조합이 의미하는 것들을 '약속'했습니다.

0과 1로 만든 약속: 코드

이렇게 '약속된 0, 1로 만들어진 부호'를 **코드**Code라고 부릅니다. 먼저 코드의 단어 뜻을 같이 알아볼까요?

code

1. 암호, 부호
2. (사회적) **관례[규칙]**
3. (조직국가의) **법규[규정]**

'코딩'은 코드라는
약속된 부호로
만드는 행위구나!

부호의 의미도 있지만 관례, 규정이라는 뜻도 있습니다. 좀 더 친숙한 표현으로는 '약속'을 의미합니다. 그래서 프로그래밍에서 '코드'란 서로 간의 규정 또는 약속의 의미가 더해진 '약속된 부호'로 이해할 수 있습니다.

영어를 모두 표현할 수 있는 최소한의 크기: 바이트

0, 1로 여러 가지 표현을 만드는 방법을 알게 된 다음, 컴퓨터 개발자들은 사람의 언어와 컴퓨터 언어를 연결하기 위해 약속이 몇 가지나 필요한지를 곰곰이 따져보았습니다. 그 과정에서 영문 알파벳과 숫자, 특수문자의 개수를 일일이 세어보고, 비트를 8개 정도 연결하면 충분한 약속이 만들어질 수 있다는 것을 알게 되었죠. 그래서 비트 8개를 묶어서 **1바이트**Byte라는 새로운 단위를 만듭니다. 왜 바이트라고 처음에 표현했는지는 알 수 없지만, 저의 상상으로는 한 입 베어물어 먹을 만큼 쪼끄만 단위를 모아놓은 조각이라는 의미에서 '한 입'이라는 뜻의 영어단어 바이트Bite에서 따온 것이 아닌가 싶습니다.

bite

1. 한 입(베어 문 조각)

She took a couple of bites of the sandwich.
그녀가 샌드위치를 두어 번 베어 먹었다.

bite에서 byte가 나왔나봐!

8비트, 즉 1바이트로 표현된 약속의 예를 하나 보겠습니다. 아래 예시는 아스키 ASCII라고 불리는 '약속'에 근거해 영어 대문자 A를 표현한 비트의 조합입니다.

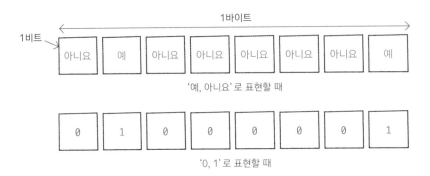

1바이트

1비트

| 아니요 | 예 | 아니요 | 아니요 | 아니요 | 아니요 | 아니요 | 예 |

'예, 아니요'로 표현할 때

| 0 | 1 | 0 | 0 | 0 | 0 | 0 | 1 |

'0, 1'로 표현할 때

그리고 아래는 영어 소문자 c를 표현한 비트의 조합입니다.

| 아니요 | 예 | 예 | 아니요 | 아니요 | 아니요 | 예 | 예 |

'예, 아니요'로 표현할 때

| 0 | 1 | 1 | 0 | 0 | 0 | 1 | 1 |

'0, 1'로 표현할 때

이와 같은 비트의 나열은 어디까지나 약속이기 때문에, 서로 다른 약속을 따르면 전혀 다르게 해석될 수 있습니다. 예를 들어 위의 아스키 코드에서는 '01100011'을 소문자 c로 약속했지만, 제가 임의로 'DK 코드'라는 걸 만들고 '01100011'을 느낌표(!)로 정의했다면, DK 코드로 해석한 사용자는 아래와 같이 소문자 c 대신에 !로 이해하게 됩니다. 따라서 **전달하고 해석할 때 동일한 코드를 사용하는 것**이 무엇보다 중요합니다.

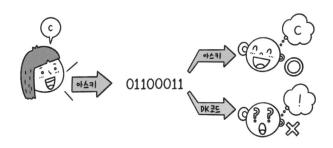

인코딩, 디코딩, 디코딩 오류

앞에서 살펴본 대로 전달할 때는 아스키 코드로, 해석할 때는 DK 코드로 해석하면 정보가 잘못 전달됩니다. 이런 상황을 **디코딩 오류**Decoding Error라고 합니다. 사람의 언어를 컴퓨터 언어로 바꾸는 과정을 **인코딩**Encoding, 그 반대의 과정을 **디코딩**Decoding이라고 하는 데서 유래된 용어죠.

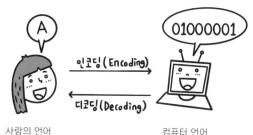

사람의 언어   컴퓨터 언어

디코딩 오류가 나면 오른쪽 화면과 같이 글자가 모두 깨져 보이기도 합니다. 이런 상황이 발생하면 안 되겠죠? 그래서 동일한 약속을 서로 공유하는 것이 무엇보다 중요합니다.

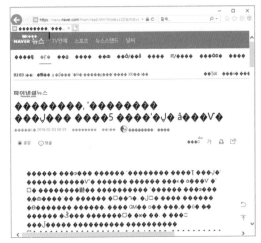

디코딩 오류가 발생해 글자가 깨진 모습

 궁금해요! 암호화된 코드는 어떻게 만들어요?

'암호화'도 인코딩, 디코딩과 원리가 같습니다. 코드의 내용이 공개되지 않고, 암호화 코드를 특정 사람들만 알아볼 수 있도록 제한한다는 점만 다를 뿐입니다.

예를 들어 2차 세계대전에서 독일군이 '뚜우-뚜-뚜-뚜우'라는 신호를 '미사일 발사'로 해석하는 코드를 비밀리에 만들어 사용한다면, 영국군은 '뚜우-뚜-뚜-뚜우'라는 신호를 몰래 엿듣는다 하더라도 그 의미를 알 수 없기 때문에 이해를 못합니다. 암호화되었기 때문입니다.

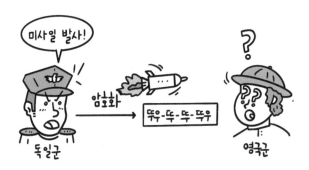

만약 '뚜우-뚜-뚜-뚜우' 신호가 들리고 독일군이 실제로 미사일을 발사하는 일이 여러 번 반복되면 그때부터는 영국군도 '뚜우-뚜-뚜-뚜우'가 '미사일 발사'와 관련된 신호라고 예상할 수 있겠죠? 이런 식으로 암호 해독이 진행됩니다. 하지만 실제로는 상대방이 알아채지 못하게, 더욱 복잡한 방법으로 신호를 주고받습니다. 노이즈Noise를 끼워넣는 것이 하나의 예입니다. 예를 들면 독일군끼리는 처음 두 가지 신호는 아무런 의미가 없는 신호라고 규정하는 것입니다. 이렇게 되면 독일군 사이에서는 '뚜-뚜-뚜우-뚜-뚜-뚜우'든 '뚜우-뚜-뚜우-뚜-뚜-뚜우'든 '미사일 발사'를 의미하는 같은 신호일 뿐입니다. 하지만 영국군 입장에서는 두 신호가 다르게 들리기 때문에 이 신호의 의미를 해석하는 일이 좀 더 복잡해집니다.

이런 식으로 코드 암호화가 갈수록 진화해 2차 세계대전 중엔 도무지 해독이 불가능한 복잡한 암호가 등장하게 됩니다. 하지만 앨런 튜링Alan M. Turing이라는 천재 수학자가 컴퓨터를 이용해서 굉장히 빠른 속도로 암호 해독을 해내는 데 성공합니다. 앨런 튜링 덕분에 군사기술에서 컴퓨터의 성능이 비약적으로 발전하게 되었고, 발전된 기술이 일반 기술에도 적용되어 지금과 같은 편리한 생활을 만들어내기에 이르렀습니다.

앨런 튜링의 암호 해독 이야기를 다룬 영화 〈이미테이션 게임〉

손으로 푸는 코딩 문제 01 경찰의 암호 코드 해킹하기

Q1 비상! 경찰차가 범인을 쫓고 있습니다. 범인은 경찰의 통신망을 해킹해서 자신의 차를 추적하는 경찰차의 위치를 알아내 요리조리 피해 다니고 있습니다. 통신망이 해킹된 것을 알아챈 경찰은 '2비트로 된 암호(영영, 영일, 일영, 일일)'로 경찰차에 위치 이동을 지시해서 범인에게 들키지 않고 범인 차량을 찾아냈습니다. 경찰 통신망에서 사용한 코드가 실제로 의미하는 방향을 맞혀보세요.

경찰의 지시 내용

'영영(00)' 방향으로 한 칸 이동하라!

'일일(11)' 방향으로 두 칸 이동하라!

'일영(10)' 방향으로 세 칸 이동하라!

'영일(01)' 방향으로 한 칸 이동하라!

'일영(10)' 방향으로 한 칸 이동하라!

'일일(11)' 방향으로 한 칸 이동하라!

코드		실제 뜻
영영(00) • ————→		아래
영일(01) •		• 위
일영(10) •		• 오른쪽
일일(11) •		• 왼쪽

숨어 있는 범인차

경찰차

힌트 영영(00)은 아래로 가라는 뜻입니다.

정답 273쪽

26

01-4

ABC를 0과 1로 표현하는 방법
— 아스키, 유니코드

8비트(1바이트)로 몇 가지 약속을 할 수 있을까요? 우선 '예/아니요 대화방'에서 사용했던 2비트부터 알아보겠습니다. 2비트의 경우 '예-예, 예-아니요, 아니요-예, 아니요-아니요'와 같이 4가지 약속을 정할 수 있습니다.

3비트는 어떨까요? 2비트로 표현할 수 있는 4가지 모든 경우 앞에 '예'로 시작하는 것 한 번, '아니요'로 시작하는 것 한 번을 각각 더하면 3비트 조합의 가짓수가 나옵니다. 즉, 아래 그림과 같이 8개가 됩니다.

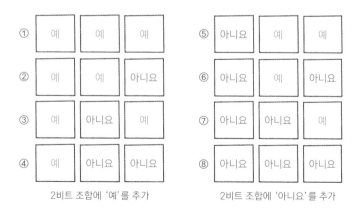

2비트 조합에 '예'를 추가   2비트 조합에 '아니요'를 추가

이를 통해 1비트가 늘어나면 약속이 가능한 조합의 가짓수는 2배씩 늘어난다는 것을 알 수 있습니다. 정리하자면, 8비트는 2를 8번 곱한 256가지를 약속할 수 있습니다. 16비트는 2를 16번 곱해서 나오는 숫자인 65,536가지의 약속을 할 수 있고요. 8비트(1바이트)에 비해 16비트(2바이트)가 매우 많은 약속을 할 수 있다는 것을 확인할 수 있습니다.

이제 컴퓨터 세상에서 가장 많이 사용하는 두 가지 코드를 소개하겠습니다. 첫 번째는 8비트 단위로 약속을 정한 **아스키**^{ASCII}이고, 다른 하나는 16비트 단위로 약속을 정한 **유니코드**^{UNICODE}입니다.

알파벳을 위한 약속: 아스키

우선 아스키는 미국표준협회에서 만든 코드입니다. 아스키란 용어도 American Standard Code for Information Interchange^{정보 교환을 위한 미국 표준 약속}의 약자입니다. 미국에서 만들었으니, 당연히 미국 사람들이 쓰는 글자인 영문자에 대해 약속을 했겠죠? 아스키에서는 영어 대문자, 영어 소문자, 숫자, 특수문자를 8비트 안에 약속했습니다. 아래 표는 아스키의 몇 가지 예시입니다.

아스키(8비트)	
사람이 이해하는 문자	컴퓨터가 이해하는 숫자
)	00101001
*	00101010
+	00101011
...	
A	01000001
B	01000010
C	01000011

D	01000100
…	
a	01100001
b	01100010
c	01100011
…	

여기서 잠깐! 대문자 A와 소문자 a가 서로 다른 코드로 표현되어 있지요? '의미'는 같지만 대문자와 소문자는 엄연히 다른 문자이기 때문에 다른 코드로 약속된 것입니다.

 궁금해요! 어떤 사이트에서는 대소문자 구분을 하지 않던데요?

컴퓨터 언어는 기본적으로 대소문자를 무조건 구별합니다. 하지만 사람들은 보통 영어로 이야기할 때 대소문자를 크게 구분하지 않죠. 이 때문에 어떤 개발자들은 문자가 입력되면 모두 소문자 또는 대문자로 변환되게 만들기도 합니다. 이렇게 하면 사용자는 마치 대소문자를 구분하지 않는 것처럼 느낍니다. 즉, 사용자의 편의를 위한 눈속임 코딩입니다.

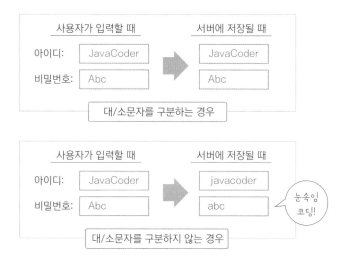

모든 언어를 위한 약속: 유니코드

이제 생각의 범위를 조금 더 확장해 보겠습니다. 만약 우리가 컴퓨터에서 영문자만 사용한다면 아스키로 충분할 것입니다. 하지만 현실은 그렇지 않죠? 컴퓨터를 사용하지 않는 나라를 찾아보기 힘들 정도로 컴퓨터 사용이 보편화되면서 영문자 외에 세계 여러 나라의 문자도 표기해야 할 상황이 되었습니다. 그래서 '유니코드'라는 새로운 약속을 만들어 약속 공간을 더 많이 늘렸습니다. 각 나라의 글자와 컴퓨터 비트 언어 간에 약속을 할 수 있도록 밀이죠. 유니코드로 공간을 늘릴 때 10비트, 11비트와 같이 1비트씩 늘리지 않고 한 입 크기의 최소단위인 8비트(1바이트)의 두 배 크기로 늘려서 16비트(2바이트)를 기본 공간으로 정했습니다.

만든 방법은 간단합니다. 기존에 쓰던 아스키 코드를 유니코드 안에 쏙 집어넣습니다. 어떻게 넣었을까요? 먼저 영문자는 아스키 코드의 8비트 앞에 8비트 공간을 추가하고, 추가된 공간에 0을 여덟 번 넣어서 만들었습니다. 아스키 코드에 없던 새 언어에 대한 약속은 추가된 8비트 공간까지 사용해 만들었고요.

유니코드(16비트)	
사람이 이해하는 문자	컴퓨터가 이해하는 숫자
)	00000000 00101001
*	00000000 00101010
+	00000000 00101011
...	
A	00000000 01000001
B	00000000 01000010
C	00000000 01000011
D	00000000 01000100
...	
가	10101100 00000000
각	10101100 00000001

아스키 코드로 정의했던 영문자 (A~D 구간)

새로 추가된 문자 (가, 각 구간)

이렇게 추가한 약속들 중 가장 많은 코드 수를 차지하는 언어는 한자입니다. 약 9만 개의 약속이 한자로 정의되어 있지요. 우리 한글은 두 번째로 많은, 약 1만 개의 약속으로 정의되어 있습니다. 유니코드로 약속된 한글은 유니코드 사이트 (http://www.unicode.org/charts/PDF/UAC00.pdf)에서 확인할 수 있습니다.

유니코드 한글 문자표

궁금해요! UTF-8도 유니코드인가요?

UTF-8은 유니코드가 맞습니다. 좀 더 정확히 말하면 유니코드의 여러 양식 중 하나입니다. 실제 유니코드는 주고받는 정보의 최소 단위 크기에 따라서 UTF-8, UTF-16 등으로 불립니다. 이때 UTF는 Unicode Transformation Format 즉 유니코드 변환 양식의 약어입니다.

인터넷과 같이 네트워크로 데이터가 전송되는 세상에서 사용하는 언어의 대부분이 영문자라는 것을 생각하면 16비트로 전달하는 건 조금 비효율적입니다. 영문자를 전송하기 위해서는 8비트에 담아도 되는데, 앞에 0을 붙여 16비트로 전달하고 있으니까요. 그래서 기본적으로 ASCII와 100% 호환되는 8비트 약속을 전달하는 것으로 하되, '필요한 경우' 크기를 확대해서 다양한 언어를 담을 수 있도록 약속한 UTF-8을 사용하게 되었습니다.

그럼 UTF-8이 UTF-16보다 좋은 방법일까요? 꼭 그렇지는 않습니다. UTF-8은 8비트를 기본으로 하지만 이보다 큰 크기의 정보를 저장하기 위해서는 전달되는 정보의 크기를 알려주기 위한 추가 공간이 필요하기 때문입니다. 그래서 16비트면 충분했던 한글을 전달하기 위해서 UTF-8에서는 24비트(3바이트)의 크기에 담아서 전송해야 하는 단점이 있습니다.

Q1 알파벳 대문자에 대한 아스키 값입니다. 본인의 영문 이름을 아스키로 써보세요.

문자	아스키
A	01000001
B	01000010
C	01000011
D	01000100
E	01000101
F	01000110
G	01000111
H	01001000
I	01001001
J	01001010
K	01001011
L	01001100
M	01001101
N	01001110
O	01001111
P	01010000
Q	01010001
R	01010010
S	01010011
T	01010100
U	01010101
V	01010110
W	01010111
X	01011000
Y	01011001
Z	01011010

예 시
- - - - - - - - - - - - - - - - - - -

K	01001011
I	01001001
M	01001101

정답 이 문제는 정답이 없습니다

32

01-5

코딩별★ 여행을 도와줄 번역기
― 프로그래밍 언어

여기까지 잘 따라왔다면, 아래 예시 그림과 같이 사람이 어떤 표현을 쓰더라도 컴퓨터는 비트 단위로만 생각한다는 것을 이해하겠지요?

그런데 컴퓨터가 비트로 생각하는 것까지는 이해했는데, 사람의 언어를 비트로 번역해 줄 번역자의 존재가 보이지 않네요! 번역자가 없다면, 어떻게 컴퓨터에게 말을 걸지요? 01001100과 같이 비트를 계속 입력해야 할까요? 컴퓨터 초기에는 그렇게 했다고 합니다. 아래 예는 간단한 수학 연산을 하는 명령어를 비트로 표현 (이를 '기계어Machine Code'라고 합니다)한 것입니다.

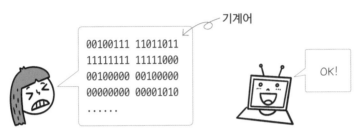

기계어 입력은 너무 어려워요!

도대체 무슨 말인지 사람의 언어로는 해석할 수가 없죠? 다행히 컴퓨터 기술이 발전하면서 기계어로 입력하는 번거로운 작업을 대신 해줄 도구가 등장합니다. 사람이 알아볼 수 있는 언어로 작성하면 이것을 기계어로 '번역'해서 컴퓨터에게 알려주는 도구이지요. 이 도구가 바로 '프로그래밍 언어'입니다.

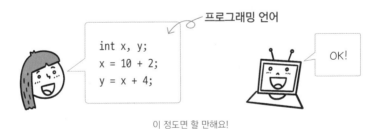

이 정도면 할 만해요!

사람의 언어에도 여러 언어가 있는 것처럼 프로그래밍 언어도 여러 종류가 있습니다. 각 언어는 각각의 장단점이 있습니다. 그래서 잠깐 나타났다 사라지는 언어가 있는가 하면, 몇십 년 동안 꾸준히 발전하면서 프로그래머들의 선택을 받는 프로그래밍 언어도 있습니다. 또한 한국어, 중국어, 영어 같은 사람의 언어는 수천 년 동안 서로 간의 교류 없이 따로 발전했기 때문에 각각의 언어가 다르지만, 컴퓨터 언어는 현대에 개발되었기 때문에 서로 교류하면서 발전했습니다. 덕분에 모양과 형태가 조금씩 다를 뿐 기본적인 틀은 비슷합니다. 그래서 하나의 프로그래밍 언어를 제대로 알면 다른 프로그래밍 언어를 이해하기가 쉽습니다.

컴퓨터 언어 번역기: 컴파일러

프로그래밍 언어가 하는 역할 중에서 사람이 알아볼 수 있는 단어로 작성된 언어를 컴퓨터가 이해하는 언어로 변환하는 작업을 '**컴파일**Compile'이라고 합니다. 일반 사람들에게 다소 생소한 compile이라는 단어를 사전에서 찾아봤습니다.

com·pile

1. (여러 출처에서 자료를 따와) 엮다, 편집[편찬]하다

We are trying to compile a list of suitable people for the job.
우리는 그 일에 적합한 사람들의 명단을 작성해 보고 있다.

마치 자료를 엮고 편집하는 작업처럼 우리가 프로그래밍 언어로 작성하면, 이것을 '컴퓨터가 읽을 수 있는 비트 형태로 편집하는 과정'이 바로 컴파일이라고 이해할 수 있습니다. 그리고 이렇게 편집하는 도구를 **컴파일러**Compiler라고 하지요. 각 프로그래밍 언어는 각자의 번역기인 컴파일러를 가지고 있습니다.

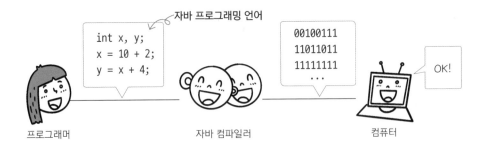

자바 프로그래밍 언어

```
int x, y;
x = 10 + 2;
y = x + 4;
```

00100111
11011011
11111111
...

OK!

프로그래머   자바 컴파일러   컴퓨터

위 그림은 10+2를 한 값에 다시 4를 더하라는 명령어를 자바^Java 언어로 표현한
예시입니다. 사람이 프로그래밍 언어로 말하면 컴파일러가 컴퓨터가 이해할 수
있는 언어로 '번역'해 주는 것을 확인할 수 있습니다.

이제 프로그래밍 언어라는 것이 무엇인지 감이 오나요?
앞에서도 언급했지만, 프로그래밍 언어는 종류가 많습니다. 각각 장단점이 있다
보니, 비교적 다양한 프로그래밍 언어들이 골고루 사용되고 있습니다. 현재 많이
사용되는 언어로는 C언어, C++, 자바, C#, 파이썬 등이 있습니다.

 궁금해요! 기계어란 무엇인가요?

기계가 가장 좋아하는 언어: 기계어

기계어^Machine Code란 말 그대로 기계와 바로 대화할 수 있는 언어입니다. 0, 1이라는 '문자'만
사용하죠. 얼핏 생각하면 간단해 보이지만 실제로 기계어로 명령을 내리는 건 쉽지 않습니다. 짧은
문장을 화면에 띄우는 것조차 수십 수백 줄의 0, 1의 조합으로 입력해야 하기 때문이에요. (여러분
의 모니터에 0, 1이 가득하다고 상상해 보세요.) 시간이 아주 오래 걸릴뿐더러, 실수로 잘못 입력
할 확률도 높겠죠?

사람이 조금 알아볼 수 있는 기계어: 어셈블리어

0, 1의 조합으로 만들어진 기계어를 알파벳 문자로 변환하여 그나마 알아볼 수 있게 기호화한 언어를 어셈블리어^{Assembly Language}라고 합니다. Assemble의 뜻을 살펴볼까요?

as·sem·ble

1. 모이다, 모으다, 집합시키다

All the students were asked to assemble in the main hall.
모든 학생들을 중앙 홀에 모이게 했다.

2. 조립하다

'모이다, 모으다'라는 단어입니다. 어셈블리어는 말 그대로 0, 1의 조합으로 나올 수 있는 단어를 모아서 익숙한 알파벳 기호로 1:1로 바꾼 상징적인 기호 언어를 말합니다. 다음과 같이 0과 1의 조합을 영어 표현으로 기호화해 바꾼 것이죠.

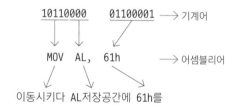

현재의 프로그래밍 언어와 기계어의 필요성

현재의 프로그래밍 언어는 어셈블리어를 사람들이 더 이해하기 편하게 만든 언어입니다. 그래서 다음 그림처럼 요즘의 프로그래밍 언어를 수준 높은 언어라는 의미로 '하이레벨 언어'라고 표현합니다(상대적인 표현으로 어셈블리어를 '로우레벨 언어'라고도 합니다). 기계어로는 1달 이상 힘들게 작성해야 하는 코드를 요즘의 프로그래밍 언어로 표현하면 하루 만에 만들 수 있습니다.

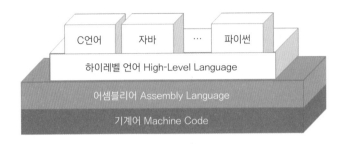

그럼 이제는 기계어를 배울 필요가 없을까요? 그렇지 않습니다.

현재의 프로그래밍 언어들이 우리가 작업한 코드를 기계어로 잘 번역(컴파일)해 주고는 있지만, 컴파일된 기계어가 최적화된 언어는 아닙니다. 정밀한 계산 또는 빠른 속도를 요구하는 환경에서는 기계어로 코딩을 합니다. 대표적인 예로, 우주에 날려 보내는 인공위성에 들어가는 기계들의 경우 제한된 기계 능력을 최대한 활용하기 위해 기계어로 코딩을 한다고 합니다. 물론 일반 컴퓨터에서도 부분적으로 기계어로 코딩을 해서 성능을 끌어올리기도 합니다.

기계마다 다른 기계어

중앙처리장치 제작사는 잘 알려진 인텔Intel 외에도 수많은 업체들이 있습니다. 각각의 제작사에서 만드는 중앙처리장치는 저마다 특성이 다르기 때문에, 서로의 기계어가 다릅니다. 그래서 기계어에 관해서 이야기할 때는 반드시 적용되는 기준 기계를 함께 표시해 줍니다. 같은 프로그래밍 언어라도 기계가 다르면(예를 들면, 윈도우 PC와 맥 PC) 컴파일러가 서로 달라야 하기 때문이죠.

너무 어려운 개념이었나요? 이런 모든 어려움을 혁신적으로 해결해 준 것이 요즘 유행하는 프로그래밍 언어입니다. 덕분에 기계와 쉽게 대화하게 되었으니 감사한 마음으로 배워야겠죠?

01-6

프로그래밍 언어의 종류

프로그래밍 언어의 종류에 대해 좀 더 알아보겠습니다. 우리가 사과를 '사과', 'Apple', 'リンゴ'라고 부를 수 있는 것처럼, 화면에 'Hello, World!'를 표시하는 말도 다음과 같이 여러 가지로 표현할 수 있습니다.

화면에 'Hello, World!'를 표시하는 다양한 프로그래밍 언어 표현

C언어	```#include <stdio.h>

int main(void)
{
    printf("Hello, World!");
    return 0;
}``` |

| C++ | ```cpp
#include <iostream.h>

int main()
{
    std::cout << "Hello, World!";
    return 0;
}
``` |
| C# | ```csharp
using System;

class Program
{
    static void Main(string[] args)
    {
        Console.WriteLine("Hello, World!");
    }
}
``` |
| 자바 | ```java
class HelloWorldApp {
    public static void main(String[] args) {
        System.out.println("Hello, World!");
    }
}
``` |
| 자바스크립트 | ```javascript
console.log("Hello, World!");
``` |
| 파이썬 | ```python
print("Hello, World!")
``` |
```

스크립트 언어

그런데 비교적 코드가 긴 다른 언어들과 달리 자바스크립트와 파이썬의 코드는 1줄로 끝나네요! 이 두 언어는 '**스크립트 언어**Script Language'이기 때문입니다.

우리가 지금까지 배운 '프로그래밍 언어'는 컴파일 과정을 거쳐 기계어로 번역되는 언어인 데 반해, **스크립트 언어는 한꺼번에 기계어로 번역하지 않고, 실행할 때마다 번역합니다.** 그래서 코드도 짧고 간단하죠(스크립트 언어에서 이런 방식으로 번역하는 도구를 '컴파일러'가 아닌 '인터프리터'라고 부릅니다).

스크립트 언어는 문법이 쉽고 간단한 반면에, 복잡한 기능은 구현하기 힘들다는 단점이 있습니다. 대표적인 예로 홈페이지 개발에 많이 쓰이는 자바스크립트JavaScript가 있습니다. 이외에 최근에 많이 쓰이는 파이썬Python은 프로그래밍 언어와 스크립트 언어의 장점을 모두 가지고 있어서, 두 언어 간의 기준을 명확히 하기가 점점 더 어려워지고 있습니다.

마크업 언어

특징은 조금 다르지만 스크립트 언어도 엄연한 '프로그래밍 언어'입니다. 그렇다면 HTMLHyper Text Markup Language과 같은 '**마크업 언어**Markup Language'는 어떨까요? 마크업 언어는 프로그래밍 언어와 개념이 다릅니다. 프로그래밍 언어로는 컴퓨터가 할 '행동'을 정의하지만, 마크업 언어는 정보를 전달하기 위한 '틀'을 제공합니다.

대표적인 마크업 언어인 HTML5를 예로 들어보겠습니다. HTML5를 사용하면 다음과 같은 글을 인터넷 화면에 굵게 혹은 굵고 크게 나타낼 수 있습니다.

HTML5로 작성한 코드	인터넷 화면에 보이는 모습
<b> 우리 홈페이지에 놀러 오세요. </b> (굵게)	**우리 홈페이지에 놀러 오세요.**
<big><b> 우리 홈페이지에 놀러 오세요. </b></big> (굵고 크게)	**우리 홈페이지에 놀러 오세요.**

다른 프로그래밍 언어와 코드 형태가 사뭇 다르죠? 이와 같이 HTML5는 웹페이지가 화면에 잘 나타나도록 만들어주는 일종의 레이아웃 가이드입니다.

설명이 조금 어려웠나요? 여러 언어 중에서 우리가 집중할 언어는 '프로그래밍 언어'이며, 그 중에서도 자바Java 언어로 코드를 살펴보겠습니다.

어떤 프로그래밍 언어가 가장 많이 사용되는지 집계해 주는 국제기구는 아쉽게도 없습니다. 대신 '인터넷에서 얼마나 많이 검색되었는가?'를 기준으로 순위를 매겨 발표합니다. 이때 '얼마나 많이'의 세부적인 조건과 어떤 검색엔진을 기준으로 하는가에 따라서 결과가 달라지다 보니, 조사 기관마다 서로 다른 결과를 나타내곤 합니다. 대표적인 두 기관을 소개합니다.

TIOBE 연도별 프로그래밍 언어 순위(www.tiobe.com/tiobe-index)

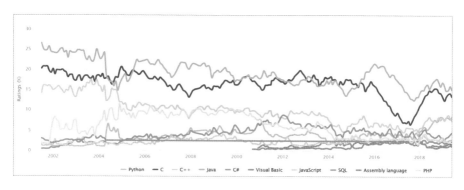

PYPL 연도별 프로그래밍 언어 순위(pypl.github.io)

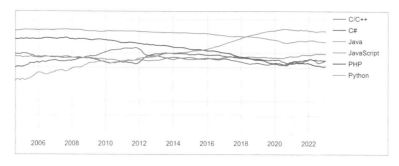

TIOBE는 구글, 유튜브 등 유명 검색 엔진에서 프로그래밍 언어가 검색된 횟수로 순위를 정합니다. 반면 PYPL은 프로그램 언어와 'tutorial'(학습)이라는 단어가 함께 검색된 결과로 순위로 정합니다. 따라서 TIOBE는 일반적인 프로그래밍 언어에 대한 관심도를 보여준다면, PYPL은 새로 배우려고 하는 프로그래밍 언어에 대한 관심도를 반영한 결과라고 해석할 수 있습니다. 두 경우 모두 의미는 조금 다르지만 프로그래밍 언어의 유명세를 보여주는 결과로 볼 수 있겠죠?

01-7

프로그래밍 언어는
속성으로 말해요

'맥(脈)을 짚는다'라는 말이 있습니다. 어떤 이야기의 핵심을 파악할 때 쓰는 표현입니다. 저는 최근의 프로그래밍 언어의 맥을 '속성'이라고 봅니다. 프로그래밍 작업의 대부분이 속성의 나열이고, 속성을 어떻게 잘 사용하느냐에 따라서 프로그래밍의 완성도가 달라지기 때문입니다. 그럼, 여기서 말하는 '속성'이 어떤 의미인지 '강아지의 속성'과 '새의 속성'을 예로 들어 알아보겠습니다.

강아지 가족

새 가족

앞 그림의 왼쪽은 강아지 가족이고, 오른쪽은 새 가족입니다. 강아지의 속성에는 무엇이 있을까요? 다른 말로 질문하면, 그림 속 강아지들은 어떤 특징을 가지고 있나요? 일단 털색깔이 다르네요. 프린스는 흰색, 토토는 검은색입니다. 그리고 프린스가 키가 조금 더 커 보이고, 토토는 좀 작아 보이네요. 또 뭐가 있을까요? 나이? 그렇죠. 프린스와 토토의 나이가 같은지 다른지는 모르지만, 나이도 강아지의 속성 중 하나입니다. 이외에도 강아지의 속성은 많이 있을 것입니다. 이렇게 동물이나 어떤 물체가 가지고 있는 특징을 속성이라고 말합니다.

여기서 **속성 항목**Property item과 **속성값**Property value을 구분할 수 있어야 합니다. 속성 항목은 강아지의 '나이', '키', '이름' 등 특징을 나타내는 항목을 의미합니다. 반면 속성값은 강아지의 나이 '7살', 키 '70cm', 이름 '프린스'와 같이 각각의 항목들의 구체적인 값입니다. 그럼 이렇게 질문을 바꿔보겠습니다.

'프린스'의 속성 항목과 '토토'의 속성 항목은 같습니까?

질문의 답은 '예'입니다. 왜냐하면 프린스와 토토는 둘 다 강아지라는 같은 종족이기 때문입니다. 그럼 아래 질문은 어떤가요?

'프린스'의 속성값과 '토토'의 속성값은 같습니까?

이번 질문의 답은 '아니요'입니다. 같은 종족이라도 저마다 고유한 특성이 있어 세부적인 속성값은 다르기 때문입니다. 그렇다면 다음 질문은 어떤가요?

새의 속성 항목과 강아지의 속성 항목은 같습니까?

이번에도 '아니요'입니다. 왜냐하면, 강아지의 특성을 정의하는 속성 항목과 새의 특성을 정의하는 속성 항목은 다르기 때문입니다. 예를 들면, 새의 속성 항목에는 '날개의 길이'가 있지만, 강아지에게는 없습니다. 예시 그림의 강아지와 새의 속성 항목과 속성값을 정리해 보면 다음과 같습니다.

강아지의 속성

속성 항목	속성값	
이름	프린스	토토
털길이	5cm	1cm
나이	7살	1살
키	70cm	30cm

새의 속성

속성 항목	속성값	
이름	앵무	펄럭
털색깔	분홍색	검은색
날개길이	30cm	100cm
부리길이	3cm	20cm

Q1 아래 그림과 같은 학생 세 명이 있습니다. 세 학생의 속성 항목 4개를 찾아보고, 속성값을 적어보세요.

속성 항목	속성값		
이름	은주	지은	서준

정답 273쪽

01-8

점(.)으로 속성 표현하기

속성 항목과 속성값이 무엇인지 살펴봤으니, 이제 프로그래밍 언어 형식으로 속성을 표현하는 방법을 알아보겠습니다. 대부분의 프로그래밍 언어에서는 점(.)으로 속성을 표현합니다.

점(.)을 사용해 앞서 정리한 강아지 '프린스'의 속성을 나타내면 다음과 같습니다.

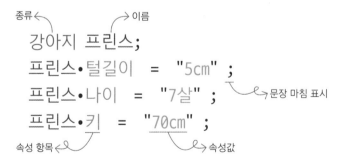

첫 문장에서 '프린스'라는 '강아지'를 소개하고, 그 뒤로는 점(.)과 = 기호로 속성 항목과 속성값을 차례로 표현했습니다. 여기서 쓰인 점(.)과 = 기호는 다음과 같이 이해할 수 있습니다.

프린스.나이 = "7살" ;

프린스의 나이는 7살이다.

점(.)은 '~의', = 기호는 '~이다'라고 읽으니 자연스럽지요? 점(.)은 그대로 '~의' 라고 기억하면 되지만, = 기호는 프로그래밍 언어에서 살짝 다른 의미로 쓰입니다. 두 기호에 대해 더 자세히 살펴보겠습니다.

점(.) 표현: ~의

코딩을 보다 보면, 앞으로 수많은 점(.)을 만나게 될 것입니다. 점(.)과 조금 더 친숙해지기 위해서, 일상생활의 표현을 점으로 표현해 보겠습니다. 아래는 출판사 주소입니다.

서울시 마포구 잔다리로 109

'서울시'의 '마포구'의 '잔다리로'의 109번째 길을 의미하는 것이겠죠? 이것을 점으로 표현하면 다음과 같습니다.

서울시.마포구.잔다리로.109

어때요? 이제 점의 의미가 좀 더 친숙하게 느껴지나요?

한 가지 예를 더 들어볼게요. 여러분이 컴퓨터에서 동영상 파일을 관리할 때, '동영상'이라는 폴더 안에 다시 분류별 폴더를 만들고, 그 안에 진짜 동영상 파일을 넣지 않나요? 아래처럼요.

'하은이생일.mp4' 파일 위치를 점(.)으로 표현하면 다음과 같습니다.

동영상.2019년.가족

이해하기 어렵지 않지요? 실제 코드를 봤을 때 길이가 너무 길고 복잡해 보인다면 점(.)을 찾아서 '~의'로 해석해 읽어보세요. 어떤 의미의 코드인지 훨씬 이해하기 쉬울 거예요.

= 기호: 오른쪽 값을 왼쪽에 입력하라

프로그래밍 언어에서 = 기호는 '같다'는 의미가 아니라, 오른쪽의 값을 왼쪽에 입력하라는 의미와 같습니다. 그렇다면 '같다'는 프로그래밍 언어에서 어떻게 표현할까요? ==라고 표현하면 됩니다.

이름이 중요한 이유

속성과 함께 코딩에서 중요한 것이 하나 더 있습니다. 바로 '이름'입니다. 앞으로 배울 코드의 구성요소들에는 각기 고유한 이름이 있어야 합니다. 그래야 각각의 요소를 구별하고 정의할 수 있겠죠? 세상의 모든 사물에 고유의 이름이 있는 것과 같은 이치입니다.

학교에서 이름이 같은 친구가 둘 있을 때, 그 친구 이름을 부르다 실수한 적이 있지 않나요? 일상생활에서 실수하면 '미안하다'며 사과할 수 있지만, 프로그래밍에서의 실수는 프로그램의 오류를 의미하기 때문에 이름을 똑같이 사용하면 안됩니다. 다행히 이런 실수를 방지하도록 프로그래밍 언어가 발전했습니다. 소스코드 편집기에서 빨간색 줄 같은 표시로 잘못되었음을 알려주는 거죠.

프로그래밍에서 '이름'을 흔히 **아이디**ID, Identity라고도 합니다. 아이디라는 말은 참 많이 사용하는 단어지요? 아이디의 본딧말인 Identity의 영어단어 뜻은 아래와 같습니다.

iden·tity

1. 신원, 신분, 정체
2. 독자성
3. (긴밀한) 유사성; 동질감

요컨대 신분 자체를 나타내는 말입니다. 그만큼 이름이 중요하다는 의미겠죠?

궁금해요! 이름에 빈칸을 사용할 수 있나요?

이름에는 빈칸을 사용할 수 없습니다. 그래서 대부분의 프로그래머들이 빈칸 대신에 밑줄이라 불리는 '_' 기호를 넣습니다. 예를 들어 이름을 '텍스트 상자 01번'으로 하고 싶은 경우, '텍스트_상자_01번'으로 표현합니다.

실제로 작성된 코드를 보면, 곳곳에 밑줄이 많이 보입니다. 단지 빈칸을 표현하는 방식이라는 걸 이해했으니, 코드가 보다 쉽게 느껴지겠죠?

 ## 궁금해요! 문장 마침 표시(;)를 꼭 써야 하나요?

만약 우리가 쓴 글에 마침표(.)가 없다면 어떨까요? 문장의 어디까지 읽고 이해해야 하는지 판단하기 힘들 것입니다. 코딩에서도 마찬가지입니다. 컴퓨터가 코드를 읽을 때 '여기까지가 한 줄의 코드야'라고 이해할 수 있도록 마침표로 세미콜론(;) 기호를 사용합니다.

그런데 ; 기호가 모든 프로그래밍 언어에서 마침 기호로 사용되지는 않습니다. 전통적인 프로그래밍 언어인 C언어, C++, 자바 언어에서는 마침 기호로 사용하지만, 파이썬이나 스위프트 언어에서는 사용해도 되고 사용하지 않아도 됩니다. 즉, C언어와 자바에서는 ; 기호를 쓰지 않으면 오류가 발생하지만, 파이썬이나 스위프트에서는 ; 기호가 없어도 오류가 발생하지 않습니다.

손으로 푸는 코딩 문제 04   점(.)으로 속성 표현하기

Q1 앞에서 작성한 세 학생의 속성을 점(.)을 사용해 표현해 보세요.

은주	학생 은주; 은주.머리색 = "노랑"; 은주.성별 = "여자"; 은주.키 = "175";
지은	학생 지은; 지은.머리색 = 지은.성별 = 지은.키 =
서준	학생 서준;

정답 274쪽

10진법, 16진법

코딩별★
상식 01

0, 1로만 숫자를 표기하는 방법을 2진법(또는 이진법)이라고 합니다. 말 그대로 2가지 수로만 표현하는 방법입니다. 그런데 2진법으로 비트를 표현하려고 하니 왠지 좀 길어 보입니다.

아스키(8비트)	
사람이 이해하는 문자	컴퓨터가 이해하는 숫자
A	01000001
B	01000010
…	…
k	01101011
l	01101100

그래서 2진법 대신에 16진법으로 표현할 때가 많습니다. 16진법? 조금 생소할 수도 있을 것 같아 간단하게 진법에 관해서 설명하겠습니다.

우선 우리에게 익숙한 10진법(0~9)을 얘기해 보겠습니다. 너무나도 익숙한 셈 방법이지만, 왜 9 다음에 다시 0이 나올까요? 저를 포함한 대부분의 사람은 그렇게 배웠기 때문이라고 답할 것입니다.

상식을 깨버리고, 0부터 6까지 센 다음에 0이 나오면 안 될까요? 아니면 1부터 12까지 센 다음에 1이 나오면 안 될까요? 조금은 황당한 질문일 수 있지만, 6 다음에 0이 나오고 12 다음에 1이 나오는 셈 방식은 생각보다 우리 가까이에 있습니다. 바로 요일 단위와 월 단위입니다. 같이 생각해 보겠습니다.

월, 화, 수, 목 … — 7진법

월, 화, 수, 목, 금, 토, 일 다음에 뭐가 나오죠? 다시 월요일이 나옵니다. 월요일이 0이고, 화요일이 1이라고 생각해 볼게요. 그럼 일요일이 6이 되겠네요. 일요일 다음에 다시 월요일이 오기 때문에 6 다음에 0이 나옵니다. 그렇다면 다음주 월요일은 10, 화요일은 11이라고 부를 수 있겠죠? 그리고 또 다른 일주일이 지나고 그 다음 화요일이 오면 21로 표현할 수 있습니다. 즉, 우리에게 익숙한 요일은 10진법이 아니라 7진법입니다.

54

1월, 2월, 3월, 4월 … — 12진법

그럼 월 단위는 어떨까요? 1월에서부터 12월이 지나면 1년이 지났다고 얘기하죠? 월 단위는 그래서 12진법입니다. 2000년 5월을 몇 번째 월로 표현하면 20005월이 아니라, 2000 x 12월 + 5월입니다.

즉, 10진법은 우리가 처음 숫자를 배울 때 10진법을 배웠기 때문에 익숙한 것이지 10진법만이 답은 아닙니다.

9 다음을 표현하는 알파벳 숫자

진법이라는 개념이 조금 가깝게 느껴지나요? 같은 방식으로 8진법은 0, 1, 2, 3, 4, 5, 6, 7 다음에 10이 됩니다.

8진법

그리고 16진법은 0, 1, 2, 3, 4, 5, 6, 7, 8, 9, 10, 11, 12, 13, 14, 15 다음에 10을 쓰면 됩니다. 그런데 16까지 가는 과정에서 이미 10이 나와버리니 혼동이 됩니다. 그래서 10 이상부터는 알파벳을 사용해서 0, 1, 2, 3, 4, 5, 6, 7, 8, 9, A(=10), B(=11), C(=12), D(=13), E(=14), F(=15)로 표기합니다.

16진법

16진법으로 표현하면 4비트를 한 글자로 줄일 수 있습니다. 그래서 8비트는 아래와 같이 두 글자로 줄어듭니다.

알파벳	2진수	16진수
k	01101011	6B
l	01101100	6C

이렇게 16진수로 자주 표현하다 보니, 비트를 표현할 때 숫자를 4자리씩 끊어서 많이 씁니다. 01101011 → 0110 (띄고) 1011, 이런 식으로요.

진법 간의 변환은 약간의 수학(산수) 지식이 필요하기 때문에 이 책에서 설명하지는 않겠습니다. 단지 3B, D8과 같은 글자가 보여도 어색해하지 말고, '컴퓨터의 기본 단위인 비트를 짧고 간단하게 표현하기 위해서 16진법으로 표현했구나'라고 이해하면 됩니다.

32비트 컴퓨터 vs 64비트 컴퓨터

여러분의 컴퓨터는 32비트 컴퓨터인가요? 64비트 컴퓨터인가요? 여기서 사용된 '비트'는 무엇을 의미할까요? 비트라는 말은 컴퓨터의 단위를 뜻할 뿐만 아니라, 컴퓨터의 저장공간과 처리능력을 표현할 때도 사용됩니다. 그럼 컴퓨터의 처리능력을 나타낼 때의 비트가 무엇인지 살펴보겠습니다.

컴퓨터의 능력을 표현하는 두 가지 방법

컴퓨터의 처리능력이라고 하면, 컴퓨터의 두뇌에 해당하는 중앙처리장치Central Process Unit, 즉 CPU의 처리 성능을 의미합니다. 중앙처리장치의 처리능력은 다음의 비유로 설명할 수 있습니다.

8비트(1바이트)의 화물을 실을 수 있는 화물차 10대를 서울에서 부산까지 보내야 하는 경우를 상상해 보겠습니다. 화물차를 빨리 보내는 방법은 크게 두 가지가 있습니다. 첫 번째는 차도가 넓은 고속도로를 이용해서 한꺼번에 여러 대의 화물차를 동시에 보내는 방법이고, 두 번째는 고성능 화물차를 사용해서 빠른 속도로 화물을 보내는 방법입니다.

자료의 크기를 표현하는 단위: 비트

먼저 한 번에 처리할 수 있는 양을 늘리는 방법을 알아보겠습니다. '몇 비트 컴퓨터다'라고 말할 때는 아래 그림처럼 한 번에 몇 비트Bit를 전송할 수 있는가를 나타냅니다. 예를 들어, 'KOREA!'라는 단어가 아스키를 사용하는 환경에서 이동 중이라고 상상해 보겠습니다.

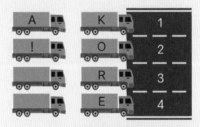

4차선 도로 = 4바이트 = 32비트

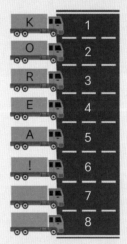

8차선 도로 = 8바이트 = 64비트

56

'KOREA!'는 5개의 영문자와 1개의 특수 문자로 구성된 총 6개의 문자로 이루어져 있습니다. 아스키 코드를 사용하기 때문에 각각의 글자는 8비트(1바이트)로 변환이 되었을 것입니다. 32비트 컴퓨터의 경우 8비트 글자를 한 번에 4개(32 = 8 × 4) 이동시킬 수 있습니다. 즉 'KORE'를 먼저 보내고, 다음으로 'A!'를 보낼 것입니다.

그럼 64비트 컴퓨터는 어떨까요? 64비트 컴퓨터는 8비트 글자를 한 번에 8개(64 = 8 × 8)까지 이동시킬 수 있습니다. 그래서 32비트 컴퓨터처럼 나눠서 전달하지 않고 한 번에 'KOREA!'라는 글자를 보낼 수 있습니다. 중앙처리장치의 OO비트가 의미하는 것이 무엇인지 이해가 되나요?

컴퓨터의 빠름을 표현하는 단위: Hz(헤르츠)

두 번째 방법은 화물차의 배송 속도를 빠르게 하는 방법입니다. 화물차가 빠르면 빠를수록 각 단어의 전달 시간이 단축되겠죠?

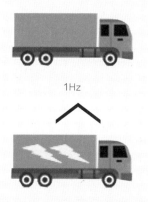

1Hz

2Hz

OOHz의 Hz는 1초에 정보 전달을 위해 왔다갔다하는 중앙처리장치의 진동수를 의미합니다. 조금 어렵나요? 그냥 단순하게 진동을 1회 할 때마다 비트 정보가 전달된다고 이해하면 됩니다. 즉 Hz의 값이 클수록 1초에 더 많은 비트 정보가 전달된다고 보면 됩니다. 차로 비교하자면 바퀴가 더 빨리 돌아가서 차가 더 빨리 이동하는 것과 같습니다.

그래서 어떤 컴퓨터가 더 능력 있나요?

컴퓨터의 성능은
- 중앙처리장치가 1회에 처리하는 비트 수를 높일수록
- 처리 속도를 높일수록 점점 더 좋아집니다.

하지만 고속도로의 차선을 늘리는 것이 고성능 자동차를 개발하는 것보다 더 많은 투자와 시간이 필요한 것처럼, 중앙처리장치도 계산 속도가 발전하는 속도에 비해 1회 처리량을 늘리는 속도는 상대적으로 더디었습니다. 1980년 말에 16비트, 8MHz 수준이었던 중앙처리장치가 2019년 현재는 64비트, 2GHz(약 2,000MHz) 수준으로 발전한 것이 이러한 현상을 잘 말해 줍니다.

02

컴퓨터는 어떻게
기억하고 행동할까?

어떤 일을 하려면 많든 적든 '기억'을 해야 합니다.

짐을 옮기는 단순한 행동이라 할지라도, 짐의 모양새를 '기억'해야 하죠.

마찬가지로 컴퓨터도 일을 하려면 '기억'이 필요합니다.

이번 장에서는 컴퓨터에 무엇인가를 기억시키고 싶을 때 어떻게 명령을 하고,

컴퓨터는 어떻게 기억을 하는지 알아봅니다.

그리고 컴퓨터에 무엇인가 명령할 때 어떤 방법으로 하는지도 알아봅니다.

02-1

사람과 코딩의 공통점
— 변수, 메서드

컴퓨터에게 기억시키고 행동하게 하는 '코딩'을 시작해 보겠습니다. 코딩의 원리를
이해하려면 '사람'을 생각하면 됩니다. 코딩과 사람, 연관이 없어 보이나요? 흥미
롭게도 코딩은 사람의 특징과 많이 닮았습니다. 아마도 사람이 만든 창조물이라
서 그렇겠죠? 아래 그림을 같이 보면서 무엇이 닮았는지 살펴보겠습니다.

무언가를 가지고 있어요!　　　　　　　어떤 행동을 할 수 있어요!

사람은 옷, 밥, 장난감, 애완동물 등 무엇인가를 가지고 있습니다. 또한 사람은 축구, 야구, 줄넘기, 테니스 등 어떤 행동을 할 수 있습니다. 단순히 고양이를 가지고 있을 수도 있지만, 테니스라는 '행동'을 위해선 테니스 라켓과 테니스공을 가지고 있어야 합니다.

코딩에서도 마찬가지입니다. 무엇인가 가질 수 있고, 행동할 수 있습니다. 사람이 가지는 '물건'을 코딩에서는 **변수**^{Variable}라고 부르고, 사람의 '행동'은 코딩에서 **메서드**^{Method}라고 부릅니다.

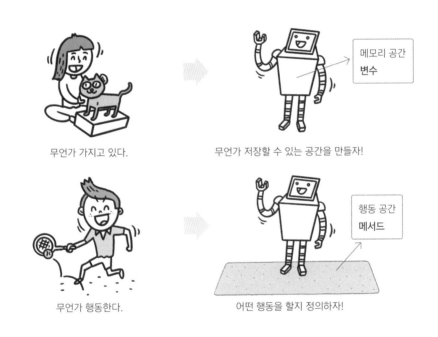

무언가 가지고 있다.

무언가 저장할 수 있는 공간을 만들자!

메모리 공간
변수

무언가 행동한다.

어떤 행동을 할지 정의하자!

행동 공간
메서드

이제 변수와 메서드에 대해서 하나씩 알아보겠습니다.

02-2

컴퓨터가 기억을 담는 3가지 공간
― 메모리

변수를 이해하기 전에, 컴퓨터의 저장공간을 살펴보겠습니다. 컴퓨터의 저장공간은 '기억 공간'이라고 말할 수도 있습니다. 컴퓨터는 사람처럼 실제로 물건을 가지는 게 아니라, 정보를 기억해 저장하기 때문입니다.

친구 중에 기억을 잘하는 친구가 있지 않나요? 오래전 일을 잘 기억하는 친구도 있고, 벼락치기 식으로 단기 기억을 잘하는 친구도 있습니다. 기억에도 종류가 있는 것이죠. 컴퓨터도 비슷합니다.

컴퓨터의 기억을 담당하는 장치는 **메모리**Memory인데, 기억의 종류에 따라 메모리의 종류도 여러 가지입니다. 각 메모리의 쓰임새도 서로 다르죠. 메모리의 종류에는 어떤 것들이 있고, 어떨 때 쓰일까요? 우선 메모리의 단어 뜻부터 알아보겠습니다.

메모리의 뜻은 '기억능력'입니다. 지금부터 컴퓨터의 '기억능력'을 여러분이 책상에서 공부하는 상황에 빗대어 설명해 보겠습니다.

메모리 종류 3가지

여러분의 책상을 살펴보세요. 공부를 하려면 책, 연필, 노트 등을 책상 위에 올려 놓아야 하죠? 만약 공부할 과목이 많으면 책상이 갈수록 더 복잡해질 것입니다. 책을 너무 많이 꺼내서 더 이상 책을 펼쳐놓을 자리가 없다면 어떤 책은 책장에 다시 꽂을 겁니다. 그런데 만약 책장에 책이 꽉 차서 꽂을 공간이 부족하면 어떻게 하나요? 책장을 더 사거나, 보지 않는 책을 버려야 합니다.

사람의 머리, 책상, 책장, 이 3곳은 컴퓨터의 3가지 메모리와 비슷합니다.

① 저장 메모리

우선 책장같이 '보관'의 기능을 하는 메모리를 '저
장 메모리Storage Memory'라고 합니다. 이 저장 메모
리는 여러분이 음악을 저장하고, 프로그램을 설치
하는 저장공간을 의미합니다.

실제 저장 메모리 모습

② 램 메모리

책상 위와 같은 작업공간은 램RAM, Random Access Memory이라고 합니다. 한마디로
작업을 하는 동안 '임시로' 사용되는 공간입니다. 프로그램을 실행하면 저장 메모
리에 있던 프로그램이 램으로 옮겨져 작업이 가

능한 상태가 되는데, 마치 책장에 꽂혀 있던 책
을 꺼내 책상 위에 올려놓고 펼쳐서 보는 것과
같은 원리입니다. 책상 위의 책을 다 본 다음 책
장에 다시 꽂으면 책상이 도로 깨끗해지는 것과
마찬가지로, 실행 중인 프로그램을 종료하면 램
에서 그 내용이 싹 사라지기 때문에 램을 '임의
접근 메모리'라고도 합니다.

실제 램 모습(출처: 위키피디아)

③ 캐시 메모리

마지막은 실제로 계산 또는 판단을 하는 찰나의 순간에 필요한 머릿속 메모리입
니다. 예를 들어 2+4라는 계산을 하려면, 적어도 내가 지금 계산하려는 것이 2와
4를 더하는 작업이라는 것을 기억하고 있어야 합니다. 이처럼 계산의 순간에 필
요한 기억을 저장하는 메모리를 캐시 메모리Cache Memory라고 부릅니다.

계산공간
= Cache Memory
= 캐시 메모리

작업공간
= RAM Memory
= 램 메모리

저장공간
= Storage Memory
= 저장 메모리

단순한 것이 좋지만 돈이 문제예요

그런데 왜 이렇게 메모리를 나눠놓았을까요?

그냥 캐시 메모리를 엄청나게 키워서, 읽는 족족 모든 것을 기억할 수 있도록 하면 안 될까요? 정답은 '그렇게 할 수 있지만, 실용적이지 않다'입니다. 왜냐하면 저장공간(책장) → 작업공간(책상) → 계산공간(머릿속)으로 갈수록 더 빠르고 실수를 안 하는 값비싼 메모리를 사용하기 때문입니다. 책상을 엄청나게 큰 걸 사서 책장 없이 이 책, 저 책 책상 위에 펼쳐놓으면 편하겠지만, 그러자면 그 큰 책상이 들어갈 수 있는 엄청 큰 집을 사야 하겠죠? 컴퓨터도 마찬가지입니다. 메모리를 크게 키우려면 비용이 많이 들어요.

실제 메모리 사양

좀 더 현실적이고 실용적으로 이해하기 위해, 실제 판매 중인 컴퓨터 2대의 메모리 종류와 가격을 비교해 보겠습니다. 다음 표에서 '메인 메모리'가 램 메모리입니다.

컴퓨터 사양을 말할 때 보통 '메모리'라고 얘기하는 것이 바로 램 메모리라고 이해하면 됩니다(RAM이라는 말에 메모리라는 단어가 포함되어 있지만, 흔히 램 메모리라고 부릅니다).

A 컴퓨터

B 컴퓨터

프로세서

CPU	8세대 인텔® 코어™ i3 프로세서
CPU 클럭	2.2GHz
터보부스트	최대 3.4GHz
인텔 스마트캐시	4MB Cache

프로세서

CPU	8세대 인텔® 코어™ i7 프로세서
CPU 클럭	1.8GHz
터보부스트	최대 4.0GHz
인텔 스마트캐시	8MB Cache

메인 메모리

메모리 용량	8GB
메모리 종류	DDR4 2400MHz(4GB×2)

메인 메모리

메모리 용량	8GB
메모리 종류	DDR4 2400MHz(4GB×2)

저장장치

SSD	128GB(M.2, 2280) + 확장 슬롯
ODD	외장형 ODD별매(내장형 ODD 없음)

저장장치

SSD	512GB(M.2, 2280) + 확장 슬롯
ODD	외장형 ODD별매(내장형 ODD 없음)

메모리의 크기(용량)가 종류별로 다르네요. 저장 메모리인 SSD의 크기는 128GB, 512GB입니다. 캐시 메모리는 어때요? 저장 메모리는 몇 GB인데, 캐시는 겨우 4MB, 8MB밖에 안 되네요. 그리고 램 메모리(메인 메모리)도 8GB로 저장 메모리에 비해서는 많이 작습니다. 가격이 비싼 메모리일수록 용량이 작아지는 것을 확인할 수 있습니다.

이번엔 프로세서(중앙처리장치, CPU)의 가격을 살펴볼게요. A, B 컴퓨터 중에 어느 CPU가 더 비쌀까요? 정답은 오른쪽 B 컴퓨터입니다. CPU의 속도(CPU 클럭)를 보면 왼쪽 2.2GHz, 오른쪽 1.8GHz로 왼쪽 A 컴퓨터가 더 빠릅니다(속도 단위 Hz에 대한 설명은 57쪽 참조). 하지만 가격은 캐시 메모리 용량으로 결정됩니다. 그래서 캐시의 크기가 더 큰 B 컴퓨터의 CPU가 더 비쌉니다.

(컴퓨터 사양을 이해하는 게 이렇게 어렵다 보니, 중앙처리장치를 판매하는 인텔Intel이라는 회사에서는 간단하게 i3, i5, i7과 같이 더 좋은 중앙처리장치에 더 큰 숫자를 붙여 단순명료하게 구분합니다.)

무한정으로 기억할 것 같은 컴퓨터의 '기억력'도 경제성 때문에 제한된다는 것이 이제 이해되나요? 이렇게 경제성이 걸려 있기 때문에 소프트웨어 전문가들이 프로그램을 평가할 때에도 비슷한 내용이면 메모리를 얼마나 효율적으로 사용하는지를 살펴봅니다. 메모리를 효율적으로 사용하도록 프로그램을 만드는 것이 프로그래머에게 필요한 중요한 자질인 것이죠.

 궁금해요! 기가바이트(GB), 메가바이트(MB), 킬로바이트(KB) 중 뭐가 큰가요?

기가바이트, 메가바이트, 킬로바이트는 메모리 용량을 표시하는 단위입니다. 바이트 앞에 붙은 두 글자는 수학적인 의미를 품고 있습니다. 킬로Kilo는 1,000(천), 메가Mega는 1,000,000(백만), 기가Giga는 1,000,000,000(10억)을 의미합니다. 간단히 말해 '킬로바이트 〈 메가바이트 〈 기가바이트' 순으로 큰 단위입니다. 단위를 변환하면 다음과 같습니다.

1기가바이트(GB) = 1,024메가바이트(MB) = 1,048,576킬로바이트(KB)

Q1 메모리의 종류는 크게 3가지로 나눌 수 있습니다. 각각의 기능에 맞는 메모리 이름을 아래 빈칸에 채워보세요.

계산공간
= Cache Memory
=

작업공간
= RAM Memory
=

저장공간
= Storage Memory
=

Q2 아래 표는 현재 판매되고 있는 노트북의 사양입니다. 3가지 메모리의 크기를 찾아 동그라미로 표시해 보세요.

모델명	X560UD-BQ014
색상	블랙+라이트닝블루
프로세서	인텔® 코어TM i5-8250U 1.6GHz (6MB 캐시, 최대 3.4GHz)
운영체제	Windows 10
메모리	DRAM DDR4 8GB
저장장치	256GB SSD
디스플레이	15.6인치(1920 x1080)

정답   274, 275쪽

변수 ①
그릇을 닮은 변수의 종류

'변수' 하면, 아마도 '다음 방정식에서 변수 x의 값을 구하시오'라는 수학 문제 속 '변수'가 가장 먼저 떠오를 것입니다. 그러다 보니 막연히 어려워 보일 수 있습니다. 하지만 코딩에서 말하는 변수는 단순합니다. 한마디로 표현하면 **'다양한 값을 저장할 수 있는 공간'**입니다. 변수의 영어단어 Variable(변수를 줄여서 var라고도 합니다)의 뜻을 먼저 보겠습니다.

variable

1. 변동이 심한; 가변적인
2. 변화를 줄[변경할] 수 있는
3. 변수

변수는 다양한 값을 넣을 수 있는 공간이구나!

컴퓨터의 기억 단위가 다양한 이유

왜 저장공간 이름을 다양한 값^{Variable}이라고 했을까요? 공간을 의미하니, 스페이스^{Space}라고 할 수도 있지 않았을까요? '변수'라는 개념이 등장한 배경을 살펴보면 답을 찾을 수 있습니다.

앞서 컴퓨터의 메모리 공간은 제한적이라고 말했습니다. 그래도 지금은 형편이 많이 나은 편입니다. 기본 단위가 메가바이트(MB), 기가바이트(GB)니까요. 하지만 30년 전에는 몇 킬로바이트(KB)만 해도 큰 메모리 공간이었습니다. 아스키로 1바이트가 영문 한 글자를 저장할 수 있는 크기라고 했지요? 1킬로바이트면 약 천 바이트이기 때문에 약 천 글자를 저장할 수 있는 공간입니다. 만약 컴퓨터 CPU의 캐시 메모리가 1킬로바이트라면 계산할 때 최대 천 글자(단어가 아닙니다. 글자입니다)만 CPU 머릿속에서 생각해야 합니다. 좀 작아 보이지 않나요?

이렇게 좁은 공간에서 프로그램이 정상적으로 작동하기 위해서는 프로그램에 필요한 '무엇'을 보관할 수 있도록 메모리 속에 공간을 찜해 놓아야 합니다. 비좁은 공간을 알뜰살뜰 사용하려면, 찜을 하는 공간을 아무렇게나 정하면 안 되겠죠? 그래서 필요한 크기에 맞춰 찜을 하는 메모리 공간을 몇 가지로 구분하게 되었는데, 바로 이때 변수라는 개념이 등장했습니다.

변수의 종류

식탁에 상을 차린다고 가정해 볼게요. 여러 가지 음식을 각기 적절한 그릇에 담아야 식탁을 가장 효율적으로 사용할 수 있습니다. 만약 물을 냉면 그릇에 담아 준다면 어떨까요? 밥을 물컵에 담아 준다면요? 물을 냉면 그릇에 담으면 쓸데없이 식탁 공간만 차지하게 되고, 밥을 물컵에 담으면 원하는 만큼 밥을 담을 수 없습니다.

램 메모리와 변수도 마찬가지입니다. 식탁은 램 메모리, 그릇은 변수와 같아요. 물은 물컵에, 밥은 밥그릇에 담아야 하듯이, 문자는 문자형 그릇에, 정수는 정수형 그릇에 담아야 합니다.

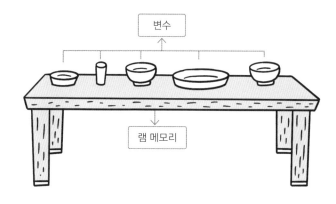

그럼 문자, 정수, 실수를 담는 그릇이 어떻게 생겼는지, 크기는 어떤지 살펴보겠습니다.

① '문자형' 메모리 그릇

처음 소개할 메모리 그릇은 하나의 글자만 저장하는 문자형 메모리 그릇입니다. 자바 언어에서는 유니코드(UTF-16)로 문자 하나를 저장하기 때문에 16비트(2바이트)가 필요합니다. 오른쪽 그림은 문자형 메모리 그릇에 '가'라는 글자를 저장한 모습입니다.

71

② '정수형' 메모리 그릇

정수란, +12, −30과 같이 +, − 값인 숫자 중에서 소수점 숫자
가 없는 값을 의미합니다. 자바 언어에서 정수형은 보통 32비
트(4바이트) 크기의 그릇에 저장됩니다. 문자형보다 2배 넓은
공간이라고 이해할 수 있겠죠? (정확하게 말하면 1바이트, 2바이

27

32비트
(4바이트)

트, 8바이트 크기의 정수형 그릇도 있습니다. 하지만 이 책에서는 편의상 4바이트로만 생
각하겠습니다.)

③ '실수형' 메모리 그릇

실수란, 정수에 소수점을 가지고 있는 숫자를 말합니다. 얼핏
정수형과 비슷한 것 같지만 저장하는 방식이 많이 다릅니다.
지수 숫자와 유효숫자를 모두 저장해야 하기 때문이에요.

123.4

64비트
(8바이트)

$$123.4 \rightarrow \underline{1.234} \times 10^{\textcircled{2}}$$

유효숫자 　　 지수 숫자

자바 언어에는 유효숫자 값의 크기와 지수 값의 범위에 따라 32비트(4바이트) 크
기와 64비트(8바이트) 크기의 실수형 메모리 그릇이 있는데, 이 책에서는 64비트
(8바이트) 크기만 사용하겠습니다. 정수형 메모리 그릇 크기의 2배로 기억하세요.

④ '참/거짓형' 메모리 그릇

마지막 메모리 그릇은 0 또는 1만 저장하는 참/거짓형 메모리 그릇입니다. 컴퓨터는
이 메모리 그릇에 담긴 값이 0이면 거짓false, 1이면 참true으로 이해합니다.

0　　거짓　false　　　　1　　참　　true

⎕ = ⎕ = ⎕　　　　⎕ = ⎕ = ⎕

02-4

변수 ②
변수 선언하기

그릇을 준비했으니 이제 공간을 찜해야겠죠? 변수로 공간을 찜하는 행위를 '변수를 선언한다'라고 말합니다. 메모리 공간인 램 메모리에 변수를 선언한 모습을 그림으로 표현하면 아래와 같습니다.

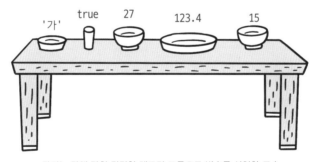

담기는 값에 맞춰 적절한 메모리 그릇으로 변수를 선언한 모습

기본 구조 이해하기

코드에서는 변수를 어떻게 선언할까요? 아래와 같이 변수의 종류를 쓰고 변수 이름을 쓴 다음, = 뒤에 값을 적으면 됩니다.

```
        ┌─── 변수의 종류        ┌───변숫값
문자형그릇 ABC = '가';
                    └───── 변수 이름
```

구조를 설명하기 위해 위와 같이 표현했지만, 실제 코드에서는 '문자형그릇' 대신 영문 코드로 표현합니다.

```
char ABC = '가';
```

같은 방법으로 정수형, 실수형, 참/거짓형 변수를 선언할 수 있습니다.

```
정수형그릇 XY = 27;              int XY = 27;
실수형그릇 EF = 123.4;  ──→     double EF = 123.4;
참거짓형그릇 K = true;          boolean K = true;
```

참고로 문자형에서 쓰인 char는 '문자'를 의미하는 영어단어 character의 줄임말이고, 정수형에서 쓰인 int는 '정수'를 의미하는 영어단어 integer의 줄임말입니다.

과정별로 이해하기

변수가 선언되는 과정을 순서대로 살펴보겠습니다. 처음에는 빈 메모리 공간이 있습니다.

'호칭'이라는 이름으로 문자형 그릇을 만들고, 그 안에 '나'라는 단어를 저장해 보겠습니다.

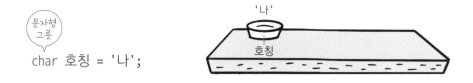

```
char 호칭 = '나';
```

이어서 '나이'라는 이름의 정수형 그릇을 만들고, 그 안에 15라는 값을 저장해 보겠습니다.

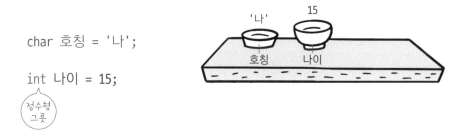

```
char 호칭 = '나';

int 나이 = 15;
```

저장된 값을 변경해 볼까요? 나이를 20으로 변경해 보겠습니다.

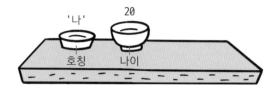

```
char 호칭 = '나';
int 나이 = 15;
나이 = 20;
```

간단하죠? 이제 여러분은 변수를 만들고 그 안에 값을 넣을 수 있게 되었습니다.

 궁금해요! 메모리 그릇의 크기는 정확히 얼마인가요?

컴퓨터의 작업 메모리가 크지 않았던 예전에는 변수형별로 크기를 고려해 신중하게 코딩을 해야 했습니다. 하지만 비교적 메모리 용량이 충분히 큰 지금은 예전만큼 신중하게 고려할 필요는 없습니다. 그래서 정수형은 int, 실수형은 double로 통일해서 사용해도 됩니다. 하지만 자바에서 사용하는 여러 변수형을 참고해 두면 좋습니다.

변수형	설명	크기	표현할 수 있는 숫자 범위
byte	가장 작은 정수형	1바이트	-128 ~ 127
short	조금 작은 정수형	2바이트	-32,768 ~ 32,767
int	보통 정수형	4바이트	-2,147,483,648 ~ 2,147,483,647
long	긴 정수형	8바이트	-9,223,372,036,854,775,808 ~9,223,372,036,854,755,807
float	작은 실수형	4바이트	$3.4 \times 10^{-38} \sim 3.4 \times 10^{+38}$
double	큰 실수형	8바이트	$1.7 \times 10^{-308} \sim 1.7 \times 10^{+308}$
char	문자형	2바이트	글자 하나('A', '#', '1', '김')

위 표는 각 변수형의 크기와 표현할 수 있는 숫자 범위를 정리한 참고자료로서, 외울 필요는 전혀 없습니다.

코딩 문제 06   메모리 그릇 크기 이해하기

Q1 모눈 한 칸의 크기를 1바이트라고 가정하면, 문자형(char, 2바이트) 그릇은 모눈 2칸, 정수형(int, 4바이트) 그릇은 모눈 4칸, 긴 정수형(long, 8바이트) 그릇은 모눈 8칸을 차지합니다.

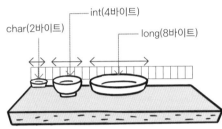

char(2바이트)   int(4바이트)   long(8바이트)

메모리 그릇이 만들어지고(이름이 지정되고) 값이 저장되는 과정을 오른쪽 모눈 칸에 그려보세요.

int a = 2;

long x = a^16;

a = 10;

char lt;

lt = '답';

힌트 2^16 은 2를 16번 곱한 값을 의미하며 수식으로는 2^{16}입니다.
2^{16} = 65,536입니다.

정답 275쪽

02-5

변수 ③
크기가 자유자재! – 문자열

문자열 메모리 그릇 이해하기

앞에서 설명한 정수형^{int}, 실수형^{double}, 문자형^{char}, 참/거짓형^{boolean}은 모두 메모리 그릇의 크기가 정해져 있는 형태로, 기본 변수형이라고 부릅니다. 반면 이번에 배울 **문자열**^{String}은 기본형과 비슷한 형태로 사용되지만, 사실상 기본형 변수는 아닙니다. 그릇에 담기는 문자의 길이에 따라 문자열 메모리 그릇의 크기가 달라지기 때문입니다. 그래서 문자열^{String}은 문자형^{char}을 길게 연결한 형태로 이해하면 좋습니다.

문자열은 말 그대로 문자의 연결이기 때문에 각 문자들을 묶어주었다는 일종의 확인 기호로서, **항상 큰따옴표(" ") 사이에 내용을 입력**합니다. 그러면 자바 컴파일러가 큰따옴표 안의 글자를 문자열로 이해해서 아래 그림과 같이 메모리 그릇을 할당합니다.

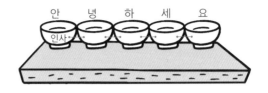

`String 인사 = "안녕하세요";`

입력되는 문자 길이에 따라 문자열 메모리 그릇이 어떻게 바뀔까요? 아래 예시를 보겠습니다.

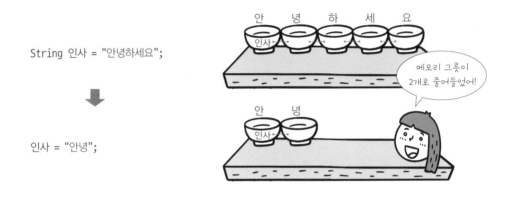

`String 인사 = "안녕하세요";`

`인사 = "안녕";`

문자열 메모리 그릇 '인사'에 입력하는 값에 따라 문자열 메모리 그릇의 크기가 자유자재로 변하고 있습니다. 이처럼 문자열String은 다른 기본 변수형과 형태가 다르기 때문에 첫 글자를 대문자 S로 시작합니다. 다른 기본 변수형은 int, double 과 같이 모두 소문자로 쓰는데 말이지요.

문자와 문자열 구분하기

간단하게 말해 문자는 하나의 글자이고, 문자열은 여러 문자입니다. 코드에서는 컴퓨터가 문자와 문자열을 구분할 수 있도록 아래와 같이 **문자는 작은따옴표를 사용하고, 문자열은 큰따옴표를 사용합니다.**

문자(char)	'안'
문자열(String)	"안드로이드"

이렇게 다른 기호로 묶으면 컴퓨터는 어떻게 받아들일까요? 문자열의 특징을 이해하기 위해 다음 문자열을 읽어보겠습니다.

①번 글자와 ②번 글자를 봤을 때 어떤 생각이 드나요? ①번은 완전한 단어 하나로 이해가 되지만, ②번의 경우는 왠지 쓰다 만 단어 같다는 느낌이 들지 않나요? 사람들끼리는 '느낌'이라고 얘기하지만 사실은 여러분이 '안드로이드'라는 단어를 들어보았기 때문에 첫 번째 문자열을 완전한 단어로 이해하는 것입니다. 그러나 컴퓨터는 이러한 지식이 없기 때문에, '문자열'이 끝났다는 표시를 정확하게 해주어야 합니다. 그래서 컴퓨터 세계에서는 문자열의 끝에 '이제 문자열이 끝났다'라고 하는 보이지 않는 표시를 추가합니다. 그림으로 표현하면 다음과 같습니다.

즉, 큰따옴표로 표시된 문자열에는 눈에 보이지 않는 '끝'이라는 한 글자가 더 있다고 보면 됩니다.

① 문자와 문자열의 차이

이제 "안"과 '안'의 차이를 알아보겠습니다. "안"와 '안'을 컴퓨터가 이해하는 대로 표현해 보면 다음과 같습니다.

큰따옴표 " " 사이에 적혀 있는 문자는 글자가 하나뿐일지라도 문자열로 인식되어 마지막에 여기까지가 진짜 이 단어의 끝이라고 하는 보이지 않는 2바이트 문자가 추가됩니다. 반면에 작은따옴표 ' ' 사이에 적혀 있는 문자는 정말 문자 하나만 있습니다.

② 숫자와 문자열 숫자의 차이

똑같은 숫자인데 어떤 건 문자열이고 어떤 건 숫자인 경우가 있습니다. 숫자처럼 보이지만 문자열로 되어 있는 숫자는 컴퓨터가 기억하는 방식이 완전히 다릅니다. 아래 예시를 함께 볼까요?

```
String A = "012345";
```

```
int A = 012345;
```

문자열은 글자 하나하나를 문자형char으로 인식하여 낱낱의 글자를 연결한 조합이지만, 정수형int은 정수형 한 개를 의미합니다.

한마디로, 코딩에서 숫자와 문자열을 구분해 주는 구분자는 큰따옴표 " "입니다. 만약 어떤 값이 큰따옴표 안에 적혀 있으면 그 값은 크기와 형태에 상관없이 무조건 문자열로 인식됩니다.

02-6

메서드 작동 원리 이해하기

코딩의 두 번째 특징인 행동을 설명하는 공간, **메서드**Method를 살펴보겠습니다. 메서드는 말 그대로 어떤 행동을 표현하는 방법입니다. 아래 그림의 핫케이크 만드는 행동을 예로 들어 설명해 보겠습니다.

0. 준비물을 준비

1. 그릇에 재료 넣고 섞기 2. 프라이팬에 넣고 1분간 가열 3. 빵 위에 과일 올리기

0. 준비물을 준비합니다(버터, 우유, 달걀, 과일).

1. 준비물을 그릇에 넣고 잘 섞어 빵 반죽을 만듭니다.

2. 빵 반죽을 프라이팬에 넣고 1분 정도 가열해 줍니다.

3. 구워진 빵 위에 과일을 올립니다.

맛있는 핫케이크가 상상이 되나요? 핫케이크 만들기와 같은 행동을 코딩에서는 메서드로 지시합니다. 방법은 핫케이크 만들기를 설명하는 것과 비슷합니다.

가장 먼저 앞으로 설명할 행동이 무엇인지 이름을 말해 줍니다. '핫케이크만들기' 처럼 말이죠. 그런 다음 설명의 시작과 끝을 나타내는 기호({ })로 '설명 공간'을 구분하고, '설명 공간' 안에 행동에 따른 설명을 넣어줍니다.

1단계 메서드 기본 틀 만들기

위 설명을 토대로 '핫케이크만들기'를 자바 형식의 메서드로 표현하면 다음과 같습니다.

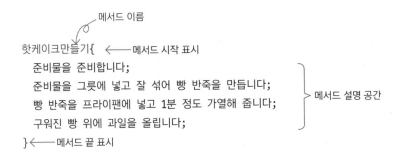

메서드 이름을 써주고, 시작 표시를 한 다음 방법을 설명하고, 메서드 끝 표시를 해주면 끝입니다. 간단하죠?

2단계 외부 값 가져오기

누군가 '핫케이크만들기' 메서드를 보고 실제로 핫케이크를 만든다고 생각해 보세요. 두 번째 소스 줄 '준비물을 준비합니다'를 보고 어떤 생각을 할까요? '준비물로 무엇이 필요하지? 어디서 구하지?'라는 생각이 들 거예요. 버터, 우유, 달걀, 과일 등 준비물을 만드는 방법까지 메서드에서 설명할 수도 있지만, 우리가 슈퍼에서 필요한 물품을 사오는 것처럼 외부에서 준비물을 가지고 오면 편하겠죠?
이런 이유로 메서드에도 외부에서 값을 가지고 올 수 있는 창구를 만들어놓았습니다. (본 예제에서는 외부에서 전달받을 준비물의 개수를 모두 실수형double으로 가정하겠습니다.)

외부에서 전달받을 변수형과 값

```
핫케이크만들기(double 버터, double 우유, double 달걀, double 과일){
    버터, 우유, 달걀을 그릇에 넣고 잘 섞어 빵 반죽을 만듭니다;
    빵 반죽을 프라이팬에 넣고 1분 정도 가열해 줍니다;
    구워진 빵 위에 과일을 올립니다;
}
```

메서드 이름 다음에 괄호() 공간을 만들어서 외부에서 전달받을 변수들의 변수형과 이름을 선언하면 됩니다. 그러면 버터, 우유, 달걀, 과일이 준비되죠! 이후 메서드 안에서 조리법을 설명할 때에도 맨 앞에서 선언한 변수형을 그대로 사용하면 됩니다.

3단계 메서드의 결과물 돌려주기(리턴)

현재 '핫케이크만들기' 메서드에는 핫케이크를 완성하는 것까지만 포함되어 있습니다. 만들어진 핫케이크를 외부에 전달할 방법도 있으면 좋지 않을까요?
만들어진 핫케이크의 개수(정수형으로 가정하겠습니다)를 외부에 전달하는 메서드는 다음과 같이 표현할 수 있습니다.

```
          외부에 전달되는 변수형
int 핫케이크만들기(double 버터, double 우유, double 달걀, double 과일){
    버터, 우유, 달걀을 그릇에 넣고 잘 섞어 빵 반죽을 만듭니다;
    빵 반죽을 프라이팬에 넣고 1분 정도 가열해 줍니다;
    구워진 빵 위에 과일을 올립니다;
    return 만들어진_핫케이크_개수;
}
              외부에 전달하는 값
```

메서드에서 만든 값을 외부에 전달하는 전달자는 리턴return입니다. 메서드 이름 앞에 전달될 변수형을 선언하고, 메서드 안에 (일반적으로 마지막에) 메서드에서 열심히 만든 결과물을 전달하는 리턴 명령을 사용하면 간단히 표현됩니다.

지금까지 설명한 메서드의 구조를 그림으로 표현하면 다음과 같습니다. 메서드 이름을 중심으로 오른쪽은 메서드에서 사용할 값을 전달받는 통로로 사용하고, 메서드 이름 왼쪽은 메서드 결과를 돌려줄 값을 정의하는 통로로 사용합니다.

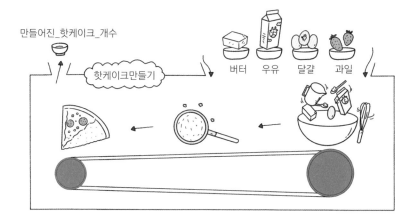

만들어진_핫케이크_개수

핫케이크만들기

버터 우유 달걀 과일

메서드에서 사용할 값과 결과로 나오는 값 모두, 어딘가 저장되어야 할 값이기 때문에 당연히 변수로 선언되어야 하겠죠?

그럼 이제 조금 더 사실적인 메서드를 보며 복습해 보겠습니다.

```
int 더하기(int 숫자1, int 숫자2){
    int 결과;
    결과 = 숫자1 + 숫자2;
    return 결과;
}
```

앞에서 배운 내용을 떠올리면서 아래 질문에 답해 보세요.

- 메서드의 이름이 무엇인가요? → '더하기'입니다.
- 메서드에서 사용하는 변수는 무엇인가요? → 정수형 변수 '숫자1'과 '숫자2'입니다.
- 메서드 실행 결과 무엇이 얻어지나요? → '결과'라는 정수형 메모리 그릇 안에 '더하기' 메서드를 마친 값이 담깁니다.

모두 답했나요? 짝짝짝. 여러분은 이제 메서드 구조를 정확하게 이해했습니다.

4단계 결과를 돌려줄 필요가 없을 때 사용하는 빈 공간

초기에 프로그래밍 언어를 개발한 분들이 메서드는 무조건 리턴 값을 가지게끔 설계를 했습니다. 하지만 가끔은 리턴 값이 필요 없을 때도 있겠죠? 만약에 리턴 값이 필요 없는 경우라면 필요 없다는 표시를 해주어야 합니다. 이때 사용되는 단어가 void입니다. void의 뜻을 사전에서 찾아보았습니다.

void

1. (커다란) 빈 공간, 공동; 공허감
2. …이 하나도 없는
3. 무효의, 법적 효력이 없는

'~이 없는'이라는 뜻입니다. 즉, 리턴 값이 있어야 하는데 없다는 의미죠. 리턴 값이 없는 메서드는 void를 메서드 이름 앞에 적어주고, 메서드 내용에 return을 적지 않습니다. 앞에서 연습한 '핫케이크만들기' 메서드를 리턴 값이 없는 형태로 바꿔 적으면 다음과 같습니다.

메서드 외부로 전달되는 결괏값이 없다는 표시

```
void 핫케이크만들기(double 버터, double 우유, double 달걀, double 과일){
    버터, 우유, 달걀을 그릇에 넣고 잘 섞어 빵 반죽을 만듭니다;
    빵 반죽을 프라이팬에 넣고 1분 정도 가열해 줍니다;
    구워진 빵 위에 과일을 올립니다;
    핫케이크를 맛있게 먹습니다;
}
```
return 명령어가 없음

리턴 값이 있는 메서드와 비교해서 살펴보세요. 왼쪽에 결괏값이 나오는 구멍이 없습니다.

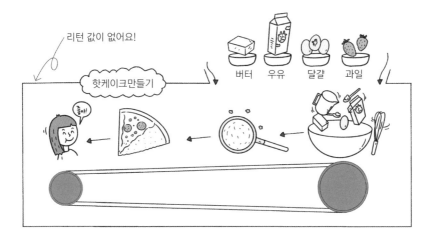

이제 리턴 값이 있는 메서드와 없는 메서드를 구분할 수 있겠지요?

메인 메서드와 보조 메서드

사람이 하는 행동이 여러 가지인 것처럼 프로그래밍 코드에서도 여러 가지 메서드를 사용할 수 있습니다. 그럼 프로그램을 실행했을 때, 어느 메서드부터 실행될까요? 이런 결정은 컴퓨터가 스스로 하기 힘듭니다. 그래서 처음부터 '이 메서드부터 시작해'라는 의미로 **메인 메서드**main method를 약속해 놓습니다. 그리고 메인 메서드 외의 메서드를 **보조 메서드**sub method라고 부릅니다. (프로그래밍 언어에 따라 메인 메서드를 따로 구분하지 않는 경우도 있습니다.)

메서드는 한번 정의하고 나면, 필요할 때마다 불러와서 사용할 수 있습니다. 이렇게 메서드를 불러와서 사용하는 행위를 '메서드를 호출^{Call}한다'고 말합니다. 호출은 어떻게 할까요? 메서드의 이름을 부르면 됩니다. 아래 그림처럼요.

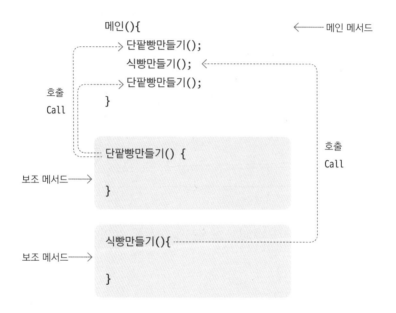

손으로 푸는 코딩 문제 07 '브라우니 만들기' 메서드 만들기

Q1 아래 그림을 참고해서 브라우니 만드는 메서드를 완성해 보세요! 외부에서 받는 재료는 다음과 같습니다.

[재료] 버터, 초콜릿, 믹스넛, 바닐라, 달걀

```
[    ]브라우니만들기(int 버터,[                              ]){
   초콜릿을 냄비에 넣고 녹인다;
   버터를 잘게 잘라서 냄비에 넣고 녹인다;
   그릇에 달걀을 풀어 놓는다;
   달걀을 푼 그릇에 녹인 초콜릿과 바닐라를 넣고 잘 섞는다.
   오븐그릇에 담은 다음 믹스넛을 고르게 뿌린다;
   오븐에 180도로 25~30분 굽는다;
   return 만든브라우니갯수;
}              ↑__ 정수형
```

힌트 외부에서 받는 재료와 리턴 값 모두 정수형을 사용하세요.

정답 276쪽

코딩 실습 준비하기

― 인터넷만 되면 바로 코딩 실습 가능!

변수를 선언하고 메서드를 만드는 소스 코드를 보니, 직접 컴퓨터에 입력하고 싶
어지지 않나요? 그런데 많은 분들이 컴퓨터에서 코딩을 하려고 준비하는 과정에
서 좌절하고 맙니다. 단순히 컴퓨터만 켠다고 코딩을 할 수 없기 때문이에요. 자
바 언어로 코딩하려면 아래 단계를 거쳐야 비로소 코딩할 '준비'가 끝납니다.

1단계 소프트웨어 개발 도구인 SDK 설치

2단계 개발환경 설치

3단계 환경설정

보기만 해도 어려워 보이지요? 설치 사이트도 영어로 되어 있어서 더 어렵게 느껴집니다. 하지만 걱정 마세요. 이 책에서는 위와 같은 단계를 거치지 않아도 됩니다! 온라인 코딩 학습 플랫폼인 엘리스에 접속만 하면 되니까요.

1단계 코딩 실습할 수 있는 곳에 입장하기

백문이 불여일견! 지금 바로 사이트에 들어가 보세요. 5분도 안 되어서 코딩할 준비를 마칠 수 있습니다.

1. 아래 사이트에 접속한 후 오른쪽 위에 있는 [회원가입]을 클릭해 가입하세요.

> 엘리스 아카데미: https://academy.elice.io/

2. [과목 검색]에서 [Do it! 첫 코딩] 과목을 찾아서 선택하세요.

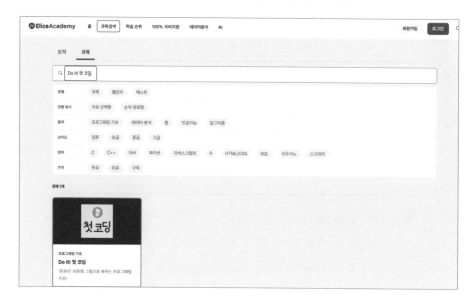

3. [수강하기]를 클릭하세요.

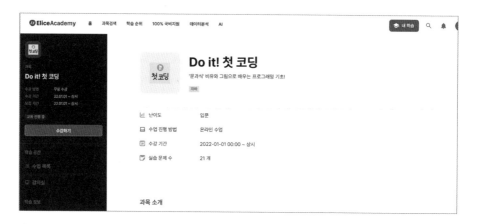

자, 이제 모든 준비가 다 되었습니다. 이제 [수업 목록]에서 원하는 수업을 선택하면 PC에서든 모바일에서든 코딩할 수 있습니다. 정말 간단하죠?

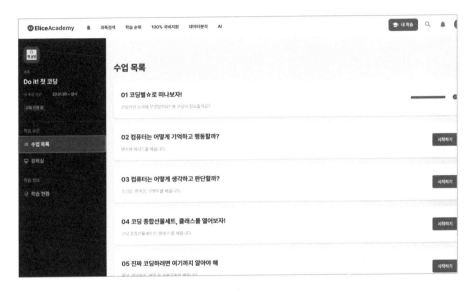

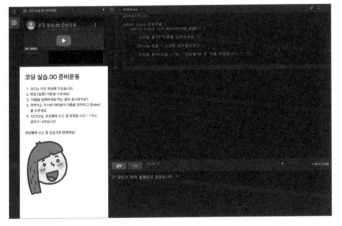

2단계 코딩 결과를 내 눈으로 확인하기

그럼 엘리스에서 코딩하는 과정에 적응해 보겠습니다. 연습 삼아 직접 코딩해 볼까요?

1. [수업 목록]에서 [02 컴퓨터는 어떻게 기억하고 행동할까?]의 [준비운동] 수업을 클릭하세요.

2. 이곳이 여러분이 코딩할 실습 화면입니다. 화면은 크게 4개 영역으로 구성되어 있습니다.

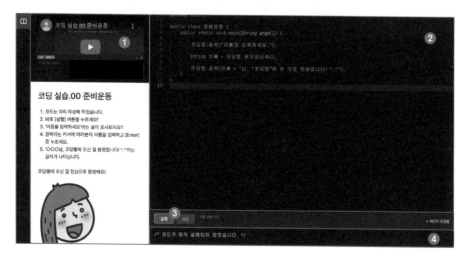

❶ 실습에 필요한 내용을 안내해 줍니다.
❷ 코드를 직접 입력하는 부분입니다.
❸ [실행] 버튼을 누르면 코드가 실행됩니다.
❹ [실행] 버튼을 누른 결과가 나타납니다.

3. 문자열을 화면에 나타내는 코드를 미리 입력해 두었습니다. 아무것도 입력하지 말고 [실행] 버튼을 클릭해 보세요.

4. '이름을 입력하세요.'라는 글이 표시되지요? 아래 줄의 깜박이는 커서 위치에 여러분의 이름(그림에서는 '코딩나그네')을 입력하고 (Enter)를 누르세요.

5. 그럼 아래 그림과 같이 '○○○님, ★코딩별★에 온 것을 환영합니다! ^.^'라는 글자가 나타납니다.

간단하지만 컴퓨터와 이야기를 주고받아 봤습니다! 생각보다 어렵지 않지요?

스마트폰으로 코딩 연습하기

엘리스 코딩은 모바일 앱으로도 가능합니다. PC가 없어도 어디서든 코딩할 수 있으니 편하겠죠?

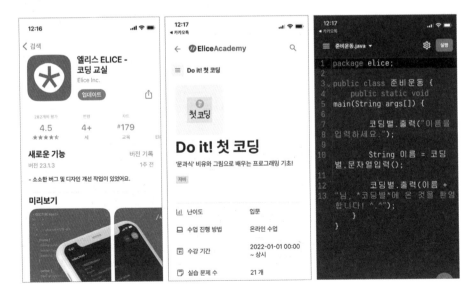

키보드 잡고 직접 코딩해 보세요!

앞으로 각 절이 끝날 때마다 [코딩 실습]이 나올 텐데, 여기서 연습한 방법으로 PC 혹은 스마트폰으로 코딩해 보세요. 쉽고 간편하게 코딩을 연습할 수 있답니다!

 궁금해요! 코딩별.출력() 메서드는 뭔가요?

[준비운동] 코딩에서 쓰인 코딩별.출력() 코드는 자바 언어가 아닌 이 책의 독자들을 위해 특별히 만든 메서드입니다. 원래 자바 언어에서는 다음과 같이 사용해요.

```
System.out.println("안녕!");  // 원래 자바 명령어
코딩별.출력("안녕!");          // 코딩별 실습 속 명령어
```

이렇게 우리말로 바꾼 이유는 이 책의 목적이 자바를 배우기 위한 것이 아니라, 코딩의 원리를 배우는 것이기 때문입니다. 그래서 복잡한 영문 코드를 우리말로 바꾸는 등 코딩의 원리를 이해하는 데 방해되는 요인들을 최소화했죠.

그렇다고 실전 감각이 떨어질 걱정은 전혀 하지 않아도 됩니다. 이 책으로 코딩의 원리에 익숙해지면, 원래 해야 했을 코딩 실습 환경 준비(SDK 설치 등)와 영문 코드를 더 쉽게 받아들일 수 있기 때문입니다.

코딩 실습 01 변수 선언하기

실습 방법 [엘리스 코딩] 접속 → [Do it! 첫 코딩] 수업 → [코딩 실습 01] 선택

문제 코드를 작성해 나래, 서준의 이름, 나이, 키를 화면에 띄워보세요. 이름, 나이, 키에 들어가는 값의 특성에 따라 문자, 정수, 실수 중에서 알맞은 변수형을 사용해야겠지요?

```
package elice;
public class 변수선언하기{
    public static void main(String[] args){
        String 이름 = "나래";
        int 나이 = 25;
        double 키 = 151.3;
        코딩별.출력(이름 + "   " + 나이 + "살" + 키 + "cm");

        이름 = "서준";
        나이 = 30;
        키 = 183.5;
        코딩별.출력(이름 + "   " + 나이 + "살 " + 키 + "cm");
    }
}
```

'이름', '나이', '키'라는 변수 생성하고 값 넣기

변숫값 변경

들여쓰기를 하려면 키보드의 Tab 이나 Spacebar 를 누르세요.

결과 [실행] 버튼을 눌러보세요. 다음과 같이 나래, 서준의 나이와 키가 나타나면 성공입니다!

출력 결과
나래 25살 151.3cm
서준 30살 183.5cm

100

빌드(Build), 통합 개발 환경(IDE), 소프트웨어 개발 도구(SDK)

아래 사진 속 큰 건물은 세계에서 가장 높은 빌딩 중 하나입니다.

두바이의 브루즈 칼리파(Burj Khalifa)

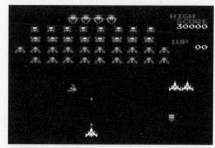

1980년대 게임 갤러그

2018년도 게임 Flight Pilot Simulation

세계 최고 높이 빌딩이 경신되는 속도가 점점 더 빨라지고 있다고 합니다. 그런데 어떻게 점점 더 높은 빌딩을 지을 수 있는 걸까요? 건설회사 직원의 능력이 예전에 비해 더 좋아진 것일까요? 사람의 능력이 좋아졌을 수도 있지만, 핵심 비결은 빌딩을 건설할 수 있는 장비들이 점점 더 좋아지고, 이런 장비들을 활용하는 기술('건설공법'이라고 얘기하지요)이 계속해서 좋아졌기 때문입니다.

코딩도 마찬가지입니다. 비행기 슈팅 게임 두 가지를 예로 들어 설명해 보겠습니다.

위쪽은 1980년대에 유행했던 '갤러그'라는 게임이고, 아래쪽은 최근에 만들어진 슈팅 게임입니다. 딱 봐도 게임의 수준이 다른 것을 알 수 있겠지요? 그런데 게임의 수준이 좋아진 이유가 단지 게임 개발자들의 개인적인 역량이 좋아졌기 때문이라고 볼 수만은 없습니다. 그보다는 게임 개발자들이 사용하는 도구의 수준이 높아졌기 때문입니다.

101

게임 개발에 투입된 시간과 노력으로만 따진다면, 위쪽의 단순한 게임이 아래쪽의 복잡한 게임을 훨씬 앞지를 것입니다. 1980년대만 해도 지금과 달리 게임 개발에 필요한 도구가 발달하지 않아서 처음부터 끝까지 개발자가 모든 것을 개발해서 써야 했으니까요. 예전엔 큰 궁전을 지으려면 몇백 년이 걸렸지만, 지금은 100층짜리 건물도 3~4년이면 짓는 것과 같은 원리입니다.

남이 만들어놓은 코드: 라이브러리/패키지와 빌드

코딩은 혼자만의 지식으로 하는 것이 아니라, 다른 사람들이 만들어놓은 **자원**Resource을 사용합니다. 이미 만들어진 자원들은 '잘 정리된 지식을 도서관에서 찾아서 사용한다'는 의미에서 **라이브러리**Library 또는 선물 보따리 같다는 의미에서 **패키지**Package라고 표현합니다.

그렇다면 내가 작성한 코드와 남이 만들어놓은 코드를 결합하는 단계가 필요하겠죠? 이런 결합 작업을 **빌드**Build라고 합니다. 빌드는 내가 만든 기술과 남의 기술을 결합해서 함께 프로그램을 짓는다는 의미입니다.

소프트웨어 개발 도구: SDK

컴파일 및 빌드 과정에 필요한 컴파일러와 라이브러리(또는 패키지)를 제공하는 도구를 통칭해서 **SDK**Software Development Kit라고 표현합니다. 최근의 프로그래밍 언어들은 컴파일러뿐 아니라 다양한 라이브러리까지 기본으로 제공하기 때문에 프로그래밍 언어 뒤에 SDK라는 수식어가 붙습니다. 이 책에서 예시로 드는 자바 프로그래밍 언어도 설치 파일의 명칭이 자바 SDK입니다. (정확히 얘기하면, 자바는 SDK라는 단어 대신에 독특하게 JDKJava Development Kit라고 부릅니다.)

통합 개발 환경 IDE

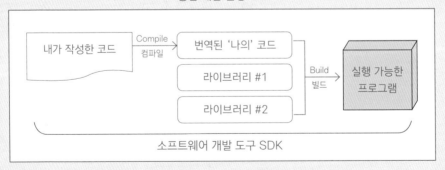

참고로 프로그래밍 언어는 아니지만, 어떤 프로그래밍 언어에 라이브러리를 제공하는 등 추가적인 기능을 제공하는 묶음도 SDK 라는 표현을 사용합니다. 예를 들어 안드로이드 앱을 개발할 때 기본적인 프로그래밍 언어로 자바를 사용한다면, 안드로이드 개발을 위한 자바용 꾸러미를 Android SDK라고 합니다.

통합 개발 환경: IDE

SDK가 코딩을 위한 도구와 재료를 제공한다면, 이러한 도구들과 재료를 편리하게 사용할 수 있는 환경을 IDE^{Integrated} Development Environment라고 합니다. 마치 여러 가지 도구를 한곳에 잘 정리해서 편하게 사용할 수 있게 보관하고, 이동이 편리하게끔 해주는 도구가방 같은 역할을 한다고 이해하면 됩니다. 이러한 IDE를 활용하면 컴파일과 빌드를 따로따로 진행할 필요 없이 '실행^{Run} 버튼'만 누르면 컴파일, 빌드, 실행까지 모두 처리해 줍니다. 그리고 코드를 자동 완성해 준다거나, 텍스트 입력 대신 마우스 클릭으로 코드를 완성해 주는 편리한 기능도 제공합니다.

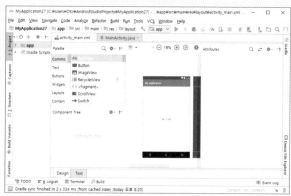

안드로이드 앱 개발을 위한 IDE인 안드로이드 스튜디오

다양한 프로그래밍 언어를 지원하는 IDE인 비주얼 스튜디오

03

·

컴퓨터는 어떻게
생각하고 판단할까?

02장에서는 컴퓨터가 어떻게 기억하고
행동하는지 배웠습니다.
이번 장에서는 기억하고 있는 것을 활용해서
컴퓨터가 어떤 생각을 할 수 있는지 알아봅니다.

03-1

단순 무식해.
하지만 엄청 빨라!

우리말에 '단순 무식하다'는 말이 있습니다. 깊이 생각하지 않고 단순하게 일을 처리한다는 뜻이죠. 그런데 컴퓨터가 단순 무식하다면, 이해가 가나요? 같이 생각해 보겠습니다.

간단한 수학 문제를 풀어보겠습니다. 아래 네모 안에 들어갈 답은 무엇일까요?

$$\square + 10 = 100$$

네. 맞습니다. 90입니다. 답이 90이라는 것을 어떻게 알았나요?

아마도 머릿속에서 아래와 같이 계산을 했을 것입니다.

$$\square = 100 - 10$$
$$\square = 90$$

그런데 컴퓨터는 위와 같은 계산 방법을 알지 못합니다. 그래서 다른 방식으로 계산을 합니다. 사실 계산이라기보다는 끼워맞추기에 가깝다고 할 수 있습니다. 어떻게 하는지 볼까요?

0 + 10 = 100	→	맞나요?	→	아니요	→	다음 숫자로 넘어가세요.
1 + 10 = 100	→	맞나요?	→	아니요	→	다음 숫자로 넘어가세요.
2 + 10 = 100	→	맞나요?	→	아니요	→	다음 숫자로 넘어가세요.
			...			
89 + 10 = 100	→	맞나요?	→	아니요	→	다음 숫자로 넘어가세요.
90 + 10 = 100	→	맞나요?	→	네	→	답은 90입니다.

단순해도 너무 단순합니다. 정말 이렇게 단순할까요? 이렇게 단순한데 우주선을 쏘아올리는 것과 같이 어렵고 복잡한 계산은 도대체 어떻게 할 수 있을까요?

정답은 '속도'에 있습니다

무식하지만 굉장히 빠른 속도로 위와 같은 순환을 하면, 인간이 하는 것보다 훨씬 빨리 계산할 수 있습니다. 이러한 단순 무식한 계산은 두 가지 방법이 조합되어서 진행됩니다.

① 계산 결과가 맞는지 틀렸는지 조건을 판단하는 **'조건문'**(또는 제어문)
② 계산을 계속 반복하는 **'반복문'**(또는 순환문)

컴퓨터는 이 두 가지 행위를 조합해서 '생각'을 합니다. 엄청난 속도로 말이죠. 이렇게 엄청난 '컴퓨팅 파워'는 컴퓨터가 진짜 생각을 하는 것처럼 보이게 만들었습니다. 이른바 인공지능(A.I)의 시대가 열리게 된 것이죠. 이제 컴퓨터가 생각하는 가장 기본적인 방법인 조건문과 반복문에 대해 살펴보겠습니다.

컴퓨터가 탄생한 이래 효과적으로 반복하고 판단하기 위한 다양한 알고리즘이 도입되었지만, 기본적인 방법은 변하지 않았습니다. 하지만 인공지능이 발전하면서 상황이 조금 달라졌습니다. '단순 무식'을 '학습'으로 개선하기 시작한 것이죠. 예전에도 컴퓨터가 학습을 안 한 것은 아닙니다. 다만 중요한 차이점이 있습니다. 예전엔 인간이 미리 학습한 결과를 컴퓨터에 알려줌으로써 인간의 학습 방법으로 계산을 수행했다면, 요즘 인공지능은 컴퓨터 스스로 학습을 하고, 직접 찾아낸 방법에 따라 계산을 수행하고 계산 방법을 개선합니다. 이렇듯 인공지능을 몇 가지로 구분할 수 있는데, 대표적으로는 머신러닝(기계학습)이 있고 그 안에 딥러닝(심층학습)이 있습니다. 예시를 통해 이해해 보겠습니다.

오른쪽 그림은 좌우로 움직이는 받침대를 사용해 공을 튕겨서 위쪽에 쌓여 있는 벽돌을 하나씩 깨는 게임입니다.

기존 방식인 '주입식 학습'은 프로그래밍 단계에서 컴퓨터한테 게임 방법을 알려주고 그대로 따라하도록 합니다. 예를 들면, 오른쪽 아래 그림처럼 왼쪽 벽돌이 모두 뚫리면 공을 위쪽으로 올려서 한번에 많은 벽돌을 깰 수 있도록 프로그래밍을 하는 것입니다. 인간이 알고 있는 노하우를 컴퓨터에게 알려주고 따라하라고 시키는 것이죠.

반면에 인공지능 중에서도 머신러닝은 컴퓨터에게 인간의 노하우를 주입식으로 가르쳐주지 않습니다. 대신에 반복적으로(엄청난 속도로 반복한다는 것을 잊지 마세요!) 게임을 시키고, 좋은 결과가 나오는 방법을 스스로 알아내도록 게임 '방법을 학습'시킵니다. 요즘 유행하는 '자기주도형 학습'을 컴퓨터가 한다고 말할 수 있습니다.

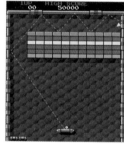

고전 게임 알카로이드

바둑기사 알파고 이야기

바둑은 경우의 수가 너무 많아서 기존의 '머신러닝' 방법으로는 컴퓨터가 인간을 이길 수 없었습니다. 하지만 인공지능 알파고가 그 벽을 뛰어넘었습니다. 엄청난 양의 컴퓨터 간의 대전과 사람들과의 대전을 통해서 스스로 학습하여, 자기만의 가장 나은 방법을 찾아낸 거죠. 그것도 바둑 고수들이 알지 못했던 다양한 방법을 사용해서 말입니다. 이 방법은 머신러닝 중에서도 딥러닝 방식을 이용한 것입니다. 여러 층에서 깊게(deep) 학습한다는 뜻이죠. 이제 단순 무식한 컴퓨터도 특정한 목적을 알려주면 지능이 만들어지는 시대가 되었습니다.

03-2

조건문 ① 내가 만약 시인이라면
— if

단순 무식한 컴퓨터가 생각하는 첫 번째 방법, 조건문을 살펴보겠습니다.

1단계 기본 조건문 이해하기

아래 문장은 제가 좋아하는 꽤 오래된 노래의 가사입니다.

내가 만약 시인이라면 그댈 위해 노래하겠소

'만약 ~라면'과 같이 사실일 수도 있고, 아닐 수도 있는 상황을 설명하는 문장을 '조건문'이라고 합니다. 즉, 내가 시인이라면 위의 조건은 참^{true}이기 때문에, 그대를 위해 노래를 할 것입니다. 하지만 내가 시인이 아니라면 위의 조건은 거짓^{false}이 되기 때문에, 노래를 할 수도 있고 하지 않을 수도 있겠지요.

위 문장을 자바 코드 형식으로 표현해 보겠습니다.

```
                  ┌──→ '참'과 '거짓'을 판단해야 하는 문장
만약에 (내가 시인){
    그댈 위해 노래를 하겠소;  ──→ '참'일 때 하는 행동
}
```

'만약에' 다음의 소괄호( ) 안에 참, 거짓을 판단해야 하는 문장(조건)을 넣은 다음, 대괄호{ } 안에 '참'일 때 하는 행동을 넣으면 됩니다.
그렇다면 조건문의 결과가 거짓인 경우는 어떨까요? 아래와 같이 가사를 바꿔보겠습니다.

내가 만약 시인이라면 그댈 위해 노래하겠고,
그렇지 않으면 그댈 위해 춤을 추겠소

내가 시인일 때와 아닐 때 하는 행동이 따로 정의되었습니다. 위의 예시를 자바 코드 형식으로 표현하면 다음과 같습니다.

```
만약에 (내가 시인){
    그댈 위해 노래를 하겠소;
} 그렇지 않으면 {
    그댈 위해 춤을 추겠소; ──→ (내가 시인)이라는 조건이
}                              '거짓'일 때 하는 행동
```

'만약에'는 영어로 if입니다. 그리고 '그렇지 않으면'은 영어로 else입니다. 그래서 위 문장은 다음과 같이 표현할 수 있습니다.

```
if (내가 시인){
    그댈 위해 노래를 하겠소;
} else {
    그댈 위해 춤을 추겠소;
}
```

'같다'라는 의미로 쓰이는 부호는 '=' 표시를 두 번 넣은 '=='입니다. 이를 바탕으로 '내가 시인'이라는 조건을 코드 형식으로 바꾸면 다음과 같습니다.

```
if (나 == 시인){
    그댈 위해 노래를 하겠소;
} else {
    그댈 위해 춤을 추겠소;
}
```

2단계 이상, 이하, 초과, 미만 부호 적용하기

다른 예를 생각해 보겠습니다.

시험성적이 80점 이상이면 상장을 받지만,
그렇지 않으면 참가상을 받는다

위 문장에서 참과 거짓을 판단해야 하는 조건은 무엇인가요? 네 맞습니다. '시험성적이 80점 이상'이 참과 거짓을 판단하는 조건입니다.

그럼 위 문장도 자바 코드 형식으로 표현해 보겠습니다.

```
if (시험성적이 80점 이상){
   상장을 받는다;
} else {
   참가상을 받는다;
}
```

'80점 이상이다'라는 표현은, '80점보다 크거나 같다'라고 바꿔 말할 수 있습니다. 그런데 '크거나 같다'를 표현하려고 하니, 키보드를 아무리 찾아봐도 기호가 없네요. 그래서 프로그래밍에서는 크거나 같다는 표현으로 '>='을 사용합니다. 위 조건문을 프로그래밍 형식으로 수정하면 다음과 같습니다.

```
if (시험성적 >= 80){
   상장을 받는다;
} else {
   참가상을 받는다;
}
```

같은 방식으로 '작거나 같다'는 '<='라고 표현합니다. 그리고 그냥 크다, 작다는 '>', '<'를 사용하면 됩니다.

3단계 '같지 않다' 부호 적용하기

이외에 조건문에서 자주 사용하는 표현이 '같지 않다'입니다. 수학식에서 같지 않다는 보통 '≠' 부호를 사용합니다. 하지만 이 부호도 키보드에 없네요. 그래서 프로그래밍에서는 비슷하게 '!='로 표현하거나 '<>'로 표현합니다. 자바의 경우는 '!='으로 표현합니다. 아래 조건문을 보겠습니다.

그가 대한민국 국민이 아니라면, 군대에 안 가도 되지만,
그렇지 않으면 군대에 가야 한다

```
if (그 != 대한민국 국민){
    군대에 안 가도 된다;
} else {
    군대에 가야 한다;
}
```

조건문에 사용할 수 있는 수학식 부호를 정리하면 다음과 같습니다.

a가 10과 같을 때	a == 10
a가 10보다 클 때	a > 10
a가 10보다 작을 때	a < 10
a가 10과 같거나 클 때(이상일 때)	a >= 10
a가 10과 같거나 작을 때(이하일 때)	a <= 10
a가 10이 아닐 때	a != 10

실습 방법 [엘리스 코딩] 접속 → [Do it! 첫 코딩] 수업 → [코딩 실습 02] 선택

문제 게임 등수에 따라 1등은 TV를 보면서 쉬고, 2등은 설거지를 하게 하려고 합니다. 조건문 if~else를 사용해 코드를 완성해 보세요.

```
package elice;
public class 조건문1{
    public static void main(String[] args){

        코딩별.출력("몇 등인가요(1 또는 2)?");
        double 등수 = 코딩별.숫자입력();

        if (등수 == 1){
            코딩별.출력("TV를 보며 편하게 쉬세요.");
        }else{
            코딩별.출력("설거지 당첨!");
        }
    }
}
```

등수가 1일 때와
아닐 때를
조건문으로 구분

결과 [실행] 버튼을 누르면 다음과 같이 등수를 묻는 질문이 나옵니다.

> **출력 결과**
>
> 몇 등인가요(1 또는 2)?

입력 칸에 1을 입력하고 Enter를 누르세요. 다음과 같이 TV를 보며 쉬라는 결과가 나오나요?

> **출력 결과**
>
> TV를 보며 편하게 쉬세요.

다시 [실행] 버튼을 클릭한 후, 입력 칸에 2를 입력해 보세요. 설거지를 하라는 결과가 나오면 성공입니다!

> **출력 결과**
>
> 설거지 당첨!

벌칙 내용을 자유롭게 바꿔서 실행해 보세요.

03-3

조건문 ② 조건이 2개인 경우 — AND, OR

1단계 조건이 2개인 경우

다음과 같은 복합적인 표현은 어떻게 할까요?

그의 학년이 3학년이고 이름이 김철수라면

이 도시락을 주세요

조건을 만족하려면 '그'가 '3학년'이면서 '김철수'여야 합니다. '그의 학년'이 '3학년인가?'라는 질문과 '그의 이름'이 '김철수'인가?라는 두 가지 질문을 하나로 표현해야겠네요. 프로그래밍 형태로 표현하면 아래와 같겠죠?

```
if ( (그의 학년 == 3) 그리고 (그의 이름 == "김철수") ) {
    이 도시락을 주세요;
}
```

즉, 두 조건식을 괄호로 묶어주고, '그리고'로 연결하면 됩니다.

2단계 그리고(AND) 표현하기

프로그래밍 언어에서 '그리고'는 '&'를 두 번 연결한 '&&'를 사용하거나, 그냥 'AND'를 사용합니다. 자바에서는 아래 예시처럼 '&&'를 사용합니다.

```
if ( (그의 학년 == 3) && (그의 이름 == "김철수") ) {
    이 도시락을 주세요;
}
```

좀 더 복잡한 조건문을 생각해 보겠습니다.

날짜가 3월 6일일 때, 학년이 3학년이고
이름이 김철수인 그에게 이 도시락을 주세요

조건이 몇 개인가요? 날짜가 3월 6일이어야 한다는 조건이 추가되었으니, 총 3개입니다. 이것을 자바 코드 형식으로 표현하면 다음과 같습니다.

```
if ( (날짜 == 3월 6일) && (학년 == 3) && (이름 == "김철수") ) {
    이 도시락을 주세요;
}
```

너무 간단한가요? 조건이 많아지면 계속해서 '&&' 표시로 연결한다는 것 말고는 변한 게 없습니다.

3단계 또는(OR) 표현하기

지금까지 '그리고'를 배웠는데, '또는'도 알아보겠습니다.

학생이 3학년 또는 2학년이면 이 기념품을 가져가세요

학생이 3학년인 경우에도 기념품을 줘야 하고, 2학년인 경우에도 기념품을 줘야 하는 상황이네요. 이 경우는 아래와 같이 작성할 수 있습니다.

```
if ( (학년 == 3) 또는 (학년 == 2) ) {
    이 기념품을 가져가세요;
}
```

'또는'은 프로그래밍 언어에서 어떤 기호를 사용할까요? 아마도 프로그래밍 언어를 처음 개발한 사람들이 이 부분을 많이 고민했을 것 같습니다. 고민 끝에 사용한 부호가 키보드에서 'Enter' 바로 위에 있는 수직선 '|' 기호입니다.

아무래도 '&&'와 짝을 맞춰야 하겠죠? 그래서 이 부호도 아래처럼 두 번 써야 합니다.

```
if ( (학년 == 3) || (학년 == 2) ) {
    이 기념품을 가져가세요;
}
```

'또는'도 '그리고'와 마찬가지로 여러 조건을 연결해서 사용할 수 있습니다. 아래 예문을 자바 코드 형식의 조건문으로 표현해 보겠습니다.

학년이 2, 3, 4학년이면, 이 햄버거를 주세요
아니면 이 김밥을 주세요

```
if ( (학년 == 2) || (학년 == 3) || (학년 == 4) ) {
    이 햄버거를 주세요;
} else {
    이 김밥을 주세요;
}
```

그런데 위 조건문은 2학년 이상 4학년 이하인 경우와도 같은 의미라서 아래와 같이 표현할 수도 있습니다.

```
if ( (학년 >= 2) && (학년 <= 4) ) {
    이 햄버거를 주세요;
} else {
    이 김밥을 주세요;
}
```

어떤 형태로 표현하든 상관없습니다. 프로그래머 마음입니다. 그러다 보니 같은 결과를 보이는 프로그램도 프로그래머마다 표현하는 방식이 다릅니다. 다만, 컴퓨터가 연산 처리를 덜하게 해 결과가 바로 나오고, 다른 사람이 볼 때도 이해하기 쉽게 명료하게 프로그래밍을 해야 '프로그래밍을 잘한다'라고 합니다.

실습 방법 [엘리스 코딩] 접속 → [Do it! 첫 코딩] 수업 → [코딩 실습 03] 선택

문제　학교에서 간식으로 1, 5, 6학년에게는 김밥을, 2, 3, 4학년에게는 햄버거를 주려고 합니다. 비교연산자(>=, <= 등)와 &&를 사용해 조건문 코드를 입력해 보세요.

```
package elice;
public class 조건문2{
    public static void main(String[] args){

        코딩별.출력("몇 학년인가요(1~6)?");
        double 학년 = 코딩별.숫자입력();

        if ( (학년 >= 2) && (학년 <= 4) ){
            코딩별.출력("햄버거를 드세요.");
        }else{
            코딩별.출력("김밥을 드세요.");
        }
    }
}
```

조건은 학년이
2보다 크거나 같고,
4보다 작거나 같은 경우!

결과　[실행] 버튼을 누르면 다음과 같이 학년을 묻는 질문이 나옵니다.

출력 결과
몇 학년인가요(1~6)?

입력 칸에 2를 입력하고 Enter 를 누르세요. 2학년은 햄버거를 먹기로 했으니 결과가 잘 나왔네요.

출력 결과
햄버거를 드세요.

다시 [실행] 버튼을 클릭한 후, 6을 입력해 보세요. 6학년에게도 김밥이 잘 주어졌습니다.

출력 결과
김밥을 드세요.

03-4

조건문 ③ 조건문 속 조건문
— else if

이제 실생활에서 흔히 일어날 법한 조금 더 복잡한 조건문을 연습해 보겠습니다.
아래 예문을 보겠습니다.

> 찬열: 민주야, 공부하느라 배고픈데, 뭐 먹을까?
>
> 민주: 시간이 너무 늦지 않았나?
>
> 음…… 만약에 햄버거 가게 문 열었으면 햄버거 먹고, 문 닫았으면 떡볶이?
>
> 혹시 떡볶이집도 문 닫았으면 편의점에서 컵라면 먹자.

햄버거 가게가 열렸는지 닫혔는지에 따라서 행동이 바로 결정되는 게 아니라, 그
안에 또 다른 조건 '떡볶이집이 열렸는지 닫혔는지'가 추가로 있습니다.
이 상황을 자바 코드 형식으로 표현해 보겠습니다.

'햄버거를 먹는다'까지는 쉽게 작성할 수 있는데, 뒤에 떡볶이집이 열렸을 때라는 조건문을 어떻게 만들어야 할지, 어렵네요. 그럼 떡볶이집이 열렸을 때의 조건문만 따로 작성해 보겠습니다.

위의 떡볶이 가게가 열렸을 때와 닫혔을 때의 조건은 어떤 상황에서 시작될 수 있는 이야기인가요? 바로, 햄버거 가게가 닫혔을 때입니다. 햄버거 가게가 닫혔을 때의 조건은 위 햄버거 가게 조건문에서 ? 칸에 적으면 되는 내용인 것을 알 수 있습니다. 그렇다면 다음과 같이 조합할 수 있겠죠?

```
if (햄버거가게 == 열었다){
   햄버거를 먹는다;
} else {
      if (떡볶이가게 == 열었다){
         떡볶이를 먹는다;
      } else {
         편의점에서 컵라면을 먹는다;
      }
}
```

조건문 안의 조건문: else if

프로그래밍을 하다 보면 위의 예시처럼 조건문 안에 조건문을 넣어야 하는 경우가
자주 발생합니다. 그래서인지는 몰라도, 프로그래밍을 개발한 분들이 if 안에 if를
쓰는 게 점점 귀찮아져서, 아래와 같이 'else if'라는 구문을 만들었습니다.

```
if (햄버거가게 == 열었다){
   햄버거를 먹는다;
} else if (떡볶이가게 == 열었다){
   떡볶이를 먹는다;
} else {
   편의점에서 컵라면을 먹는다;
}
```

'else if'는 영어에도 없는 표현이기 때문에 우리말로 번역하는 게 쉽지는 않지만, 굳이 번역하자면, '아니야? 그럼 만약에' 정도로 해석하면 대충 어감이 맞습니다.

```
만약에 (햄버거가게 == 열었다){
    햄버거를 먹는다;
} 아니야? 그럼 만약에 (떡볶이가게 == 열었다){
    떡볶이를 먹는다;
} 그렇지 않으면 {
    편의점에서 컵라면을 먹는다;
}
```

'else if'를 사용할지 if 구문 안에 또 다른 if를 사용할지 또한 프로그래머의 선택입니다. 단, else if를 사용하면 연속되는 '아니야? 그럼 만약에'를 만들 때 문장이 단순해지는 장점이 있습니다.

```
if (햄버거가게 == 열었다){
    햄버거를 먹는다;
} else if (떡볶이가게 == 열었다){
    떡볶이를 먹는다;
} else if (편의점 == 열었다){
    편의점에서 컵라면을 먹는다;
} else {
    집으로 그냥 간다;
}
```

코딩 실습 04 조건문 else if

실습 방법 [엘리스 코딩] 접속 → [Do it! 첫 코딩] 수업 → [코딩 실습 04] 선택

문제 지영이와 은수가 저녁을 먹으려고 합니다. 피자 가게가 열었으면 피자를 먹고, 그렇지 않으면 치킨을 먹고, 치킨 가게도 닫았으면 편의점에서 라면을 먹기로 했습니다. else if를 사용해 저녁 메뉴를 결정하는 조건문 코드를 작성해 보세요.

```
package elice;
public class 조건문3{
    public static void main(String[] args){

            코딩별.출력("피자 가게가 열렸나요(y/n)?");
            char 피자가게 = 코딩별.문자형입력();

            코딩별.출력("치킨 가게가 열렸나요(y/n)?");
            char 치킨가게 = 코딩별.문자형입력();

            if (피자가게 == 'y'){
                코딩별.출력("피자 가게로 가자");
            }else if (치킨가게 == 'y'){
                코딩별.출력("치킨 가게로 가자");
            }else{
                코딩별.출력("편의점에서 라면 먹자");
            }
    }
}
```

피자 가게와 치킨 가게가 열렸는지에 따라 3가지 음식점 중 하나 선택

125

결과 [실행] 버튼을 누르면 다음과 같은 질문이 나옵니다.

> **출력 결과**
>
> 피자 가게가 열렸나요(y/n)?

입력 칸에 n를 입력해 보세요. 다음 질문에는 y를 입력해 보세요.

> **출력 결과**
>
> 치킨 가게가 열렸나요(y/n)?

피자 가게는 닫았고, 치킨 가게가 열렸다면 어디로 가게 될까요?

> **출력 결과**
>
> 치킨 가게로 가자

맞습니다. 치킨을 먹으러 가기로 계획했었지요? 다시 [실행] 버튼을 클릭한 후, 다양한 값을 입력해 보세요.

반복문 ① 언젠가는 끝날 반복문
─ while, for

컴퓨터가 생각하는 두 번째 방법, 반복문을 배울 차례입니다!

'반복'이라는 단어를 들으면 어떤 생각이 드나요? 학생이라면 매일매일 반복되는 학교 수업이 생각날 것이고, 회사원이라면 매일매일 반복되는 회사 업무가 생각날 것 같습니다. 막연히 '반복문'이라고 하면 끝도 없이 반복될 것이라 생각하지만, 사실 우리가 생각하는 대부분의 반복 생활에는 끝이 있습니다. 예를 들면, 학생에게 늘 반복되는 학교 수업도 졸업을 하면 끝이 납니다. 회사원도 마찬가지죠. 언젠가 회사를 그만두면 지겹게 반복되던 회사 생활이 끝납니다. 즉 '반복'은 대부분 무한하게 반복되기보다는 어느 '조건'이 만족하는 동안만 반복됩니다.

1단계 기본 반복문 while 이해하기

프로그래밍의 반복문도 마찬가지입니다. 무한정 반복되지 않고, 어느 조건이 만족하는 동안만 반복하도록 설계됩니다. 아래처럼 말이죠.

```
(내가 학생)인 동안 반복{
    아침에 일어나서;
    옷을 입고;
    학교에 가서;
    공부하고;
    집에 가고;
    잠잔다;
}
```

'~인 동안'은 영어로 while입니다. 그래서 실제 프로그래밍에서는 아래와 같이 씁니다.

```
while (나 == 학생){
    아침에 일어나서;
    옷을 입고;
    학교에 가서;
    공부하고;
    집에 가고;
    잠잔다;
}
```

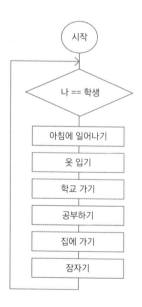

2단계 반복문에 조건 더하기

그런데 이렇게 반복하다 보니 한 가지 아쉬운 점이 있네요. 내가 학생인 것을 어떻게 판단할까 하는 점입니다. 아침에 일어나서 하루를 보낸 뒤 다음 하루가 시작될 때, 무엇인가 변해야 내가 학생일 때와 아닐 때를 구분할 수 있지 않을까요? 예를 들어 내가 중학생이라고 생각해 보겠습니다. 중학생 기간은 3년이죠? 1년이 365일이고, 3년이면 3 곱하기 365일 해서 1095일입니다. 그럼 첫째 날을 'day 1'으로 한다면, 1095일을 끝으로 중학교 학생 기간이 끝나겠네요. (물론 고등학교 기간이 있지만, 여기선 중학교로 학생 생활이 끝난다고 가정하겠습니다.) 그럼 위의 반복문은 아래와 같이 변경할 수 있습니다.

```
        ┌──→ 초깃값
int day = 1;

                ┌──→ ~하는 동안
while (day <= 1095){
    아침에 일어나서;
    옷을 입고;
    학교에 가서;
    공부하고;
    집에 가고;
    잠잔다;    ┌──→ 반복문이 끝나면 해야 할 것
    day = day + 1;
}
```

```
        ┌──────────────┐
        │   day = 1     │
        └──────────────┘
               │
               ▼
        ╱──────────────╲    아니요    ╭──────╮
       ╱  day <= 1095   ╲────────────→│ 종료 │
        ╲──────────────╱              ╰──────╯
               │ 네
               ▼
        ┌──────────────┐
        │ 아침에 일어나기 │
        │      ⋮        │
        │   잠자기       │
        └──────────────┘
               │
               ▼
        ┌──────────────┐
        │ day = day + 1 │
        └──────────────┘
```

첫 번째 날부터 시작해서, 하루가 끝이 나면 'day = day + 1'을 통해서 day는 두 번째 날로 변경됩니다. 그리고 day가 1095일보다 작거나 같은지를 확인하고, 맞으면 다음 순환으로 계속 넘어갑니다. 그래서 결국 1096일이 되면 순환은 멈춥니다. 즉, 중학교 3학년 마지막 날인 1095일을 끝으로 멈추게 되죠.

3단계 조건을 포함한 반복문 for 이해하기

여기에서 나오는 개념이 '초깃값(처음 값)'과 '순환을 마치게 되는 조건', 그리고 '순환할 때마다 변경되는 값'이라는 3가지 순환조건입니다. 이 3가지 순환조건을 더 간단하게 입력하면 좋겠죠? 그래서 다음과 같이 모든 조건을 포함한 반복문 'for'를 개발합니다.

```
                 ┌→ 초깃값      ┌→ ~하는 동안
                 │             │         ┌→ 순환할 때마다 해야 할 것
  for (int day = 1; day <= 1095; day = day + 1){
      아침에 일어나서;
      옷을 입고;
      학교에 가서;
      공부하고;
      집에 가고;
      잠잔다;
  }
```

실제로 '~하는 동안'만 정의하는 while문보다는 for문을 반복문으로 훨씬 많이 사용합니다.

 **코딩 실습 05**   반복문 for

실습 방법 [엘리스 코딩] 접속 → [Do it! 첫 코딩] 수업 → [코딩 실습 05] 선택

문제 입력한 숫자만큼 식권이 출력되는 식권 자판기를 만들려고 합니다. 반복문 for를 사용해 코드를 작성해 보세요.

```
package elice;
public class 반복문1{
    public static void main(String[] args){

        코딩별.출력("식권이 몇 장 필요한가요?");
        double 장수 = 코딩별.숫자입력();                    필요한 식권만큼 순환
                                                        하며 [식권] 출력
        for (int 출력횟수 = 1; 출력횟수 <= 장수; 출력횟수 = 출력횟수 + 1)

        {
            코딩별.출력("[식권] #" + 출력횟수);
        }
    }
}
```

결과 [실행] 버튼을 누르면 다음과 같은 질문이 나옵니다.

출력 결과

식권이 몇 장 필요한가요?

식권을 몇 장 출력해 볼까요? 시험 삼아 입력 칸에 3을 입력해 보세요.

출력 결과

[식권] #1
[식권] #2
[식권] #3

위와 같이 식권 3장이 나오면 성공입니다!
다시 [실행] 버튼을 클릭한 후, 다양한 값을 입력해 보세요.

03-6

반복문 ②
반복문 속 단골 코드

반복문에서 자주 쓰는 코드 두 가지를 소개합니다. 먼저 설명을 위해 '*****'와 같이 '*'을 5개 연속 입력하는 것을 생각해 보겠습니다. 단순하게 표현하면, 다음과 같이 쓸 수 있습니다.

```
String 별표시 = "*****";
```

그런데 만약 '*'을 천 개 입력해야 한다면 어떨까요? 위와 같이 간단히 작성하기 힘들 것입니다. 이럴 때 반복문을 사용하면 됩니다.
다음은 '*' 5개를 반복문으로 나타내는 코드의 일부입니다.

```
String 별표시 = "";
for (int 횟수 = 1; 횟수 <= 5; 횟수 = 횟수 + 1){
   별표시 = 별표시 + "*";
}
```

'횟수'의 시작 값이 1이고, '횟수'가 5보다 작거나 같을 때 반복을 하는데, 한 번의 반복이 끝나면 '횟수'는 숫자를 1씩 증가시킵니다. 즉, 5번 반복을 합니다. 이렇게 되면, 문자열 '별표시'의 값은 '*'를 다섯 번 더한 값인 '*****'가 됩니다. 만약에 '*'의 개수를 늘리고 싶으면, 예를 들어 1000개를 만들고 싶으면 반복 조건인 '횟수 <= 5'를 '횟수 <= 1000'으로 변경하면 됩니다.

끝날 때마다 하나씩 증가하는 걸 줄임말로!

여기에서 반복문에서 자주 쓰는 첫 번째 코드가 등장합니다. 반복문이 끝날 때마다 실행되는 '횟수 = 횟수 + 1;'과 같은 숫자 증가 명령을 좀 더 간단하게 표현하는 문장을 개발한 것이죠. 다음과 같습니다.

횟수 +=1; 또는 횟수++;

'횟수++;'라는 표현은 '횟수 = 횟수 + 1;'에만 쓸 수 있는 줄임말 표현입니다. 만약에 '횟수 = 횟수 + 2;'인 경우는 아래와 같이 표현할 수 있습니다.

횟수 +=2;

방금 배운 줄임말 표현을 사용해서 '*' 표시 5개를 만들어내는 for 반복문을 다시 쓰면 다음과 같습니다.

```
String 별표시 = "";
for (int 횟수 = 1; 횟수 <= 5; 횟수++){
  별표시 = 별표시 + "*";
}
```

줄넘김 문자 \n

반복문에서 자주 쓰는 코드, 두 번째입니다. 만약 아래와 같은 '별나무' 문자열을 만들고 싶으면 어떻게 하면 될까요?

```
*
**
***
****
```

'*' 표시 10개로 만들어진 위 '별나무'는 하나의 문자열일까요? 아니면 각 줄마다 하나씩 만든 4개의 문자열일까요?

이 질문에 답하려면 눈에 보이지 않는 문자를 알아야 합니다. 문자에는 a, b와 같이 눈에 보이는 문자도 있지만, 눈에 보이지 않는 문자도 있습니다. 대표적인 예가 '줄넘김' 문자입니다. 예를 들어 위의 '*' 나무 모양을 만들고 싶어 아래와 같이 코드를 작성했다고 가정하겠습니다.

```
String 첫번째줄 = "*";
String 두번째줄 = "**";
String 세번째줄 = "***";
String 네번째줄 = "****";
String 별나무 = 첫번째줄 + 두번째줄 + 세번째줄 + 네번째줄;
```

과연 문자열 '별나무'는 나무 모양으로 나올까요? 그렇지 않습니다. 실제 '별나무' 문자열을 화면에 출력하면 다음과 같이 '*' 모양이 줄넘김 없이 옆으로 쭉 이어져서 나옵니다.

****

'줄넘김' 문자를 넣지 않았기 때문에, '줄넘김'이 표현되지 않은 것입니다. 그럼 눈에 보이지 않는 '줄넘김' 문자를 어떻게 표현해야 할까요? 이 대목에서 코딩을 개발한 분들의 기발한 아이디어가 또 나옵니다. 우리가 잘 쓰지 않는 글자를 사용해서 눈에 보이지 않는 글자를 눈에 보이는 글자로 약속한 것입니다. 아래와 같이요.

\n

그럼 이제 '줄넘김' 문자 '\n'을 사용해 보겠습니다.

```
String 첫번째줄 = "*\n";
String 두번째줄 = "**\n";
String 세번째줄 = "***\n";
String 네번째줄 = "****\n";
String 별나무 = 첫번째줄 + 두번째줄 + 세번째줄 + 네번째줄;
```

이것이 바로 '줄넘김' 문자!

'줄넘김' 문자를 사용한 결과, 문자열 메모리 그릇 '별나무'에는 다음과 같은 값이 저장되고, 실제 화면에는 우리가 나타내고 싶었던 별나무가 나타나게 됩니다.

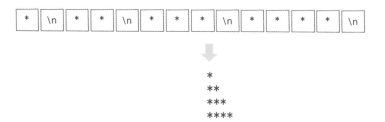

 궁금해요! 줄넘김 문자에서 \는 무엇을 의미하나요?

코딩에서는 줄넘김 같은 눈에 보이지 않는 문자들을 '\'(백슬래시)로 시작하는 눈에 보이는 글자로 표현합니다. 아래 표현들 중 프로그래밍에서는 '줄넘김'을 의미하는 '\n'을 가장 많이 사용합니다. 다른 표현들은 참고로만 알고 있으면 됩니다.

표현		실제 의미
영문 자판	한글 자판	
\b	₩b	backspace(뒤로 가기)
\n	₩n	newline(다음 줄로 넘기기)
\s	₩s	space(한 칸 띄우기)
\t	₩t	tab(일정 간격 띄우기)

이렇게 '\'로 시작하는 글자는 비록 2개의 문자로 표현되더라도 하나의 문자(char)로 이해해야합니다. 왜냐하면 눈에 보이지 않는 글자를 눈에 보이게 하기 위해서 억지로 만들어낸 표현이기 때문입니다. 또한 영문 자판의 '\'(백슬래시)는 한글 자판에서 '₩'(원화 표시)로 표현되는데, 같은 의미입니다.

반복문 ③
반복문 속 반복문

1단계 한 줄씩 코드 짜기

이번엔 같은 모양의 별나무를 반복문을 활용해서 만들어보겠습니다. 일단 한 줄,
한 줄씩 반복문으로 만들어보겠습니다.

```
*
**
***
****
```

① 첫 번째 줄

첫 번째 줄은 별이 하나 그려지고, '줄넘김' 문자가 들어갔네요. 반복문을 사용해
코드로 만들면 다음과 같습니다.

```
String 별나무 = "";
for (int 횟수 = 1; 횟수 <= 1; 횟수++){
    별나무 = 별나무 + "*";
}
별나무 = 별나무 + "\n";
```

② 두 번째 줄

두 번째 줄은 별이 두 개 그려지고, '줄넘김' 문자가 들어갔네요. 그럼 위의 반복
문에 이어서 다음과 같이 코딩하면 됩니다.

```
for (int 횟수 = 1; 횟수 <= 2; 횟수++){
    별나무 = 별나무 + "*";
}
별나무 = 별나무 + "\n";
```

③ 세 번째 줄

세 번째 줄은 별이 3개 그려지고, '줄넘김' 문자가 들어갔네요. 그럼 다시 위의 반
복문에 이어서 다음과 같이 코딩을 하면 됩니다.

```
for (int 횟수 = 1; 횟수 <= 3; 횟수++){
    별나무 = 별나무 + "*";
}
별나무 = 별나무 + "\n";
```

④ 네 번째 줄

네 번째 줄도 같은 형태로 만들면 됩니다.

```
for (int 횟수 = 1; 횟수 <= 4; 횟수++){
    별나무 = 별나무 + "*";
}
별나무 = 별나무 + "\n";
```

위 코드를 하나로 모두 합치면 다음과 같습니다.

```
String 별나무 = "";
for (int 횟수 = 1; 횟수 <= 1; 횟수++){
    별나무 = 별나무 + "*";
}
별나무 = 별나무 + "\n";
```
첫 번째 줄

```
for (int 횟수 = 1; 횟수 <= 2; 횟수++){
    별나무 = 별나무 + "*";
}
별나무 = 별나무 + "\n";
```
두 번째 줄

```
for (int 횟수 = 1; 횟수 <= 3; 횟수++){
    별나무 = 별나무 + "*";
}
별나무 = 별나무 + "\n";
```
세 번째 줄

```
for (int 횟수 = 1; 횟수 <= 4; 횟수++){
    별나무 = 별나무 + "*";
}
별나무 = 별나무 + "\n";
```
네 번째 줄

2단계 반복문 속 반복문으로 묶기

그런데, 위의 반복문 코드를 다시 한번 보세요. 하나만 빼고 모두 똑같죠? 같지 않은 부분은 바로 반복하는 횟수입니다. 첫 번째는 한 번만, 두 번째는 두 번만, 세 번째는 세 번만 반복합니다. 그럼 '반복하는 횟수'를 다시 반복문으로 표현할 수 있겠네요!

```
for (int 횟수 = 1; 횟수 <= 줄번호; 횟수++){
    별나무 = 별나무 + "*";
}
별나무 = 별나무 + "\n";
```

'반복하는 횟수'를 1, 2와 같은 고정값이 아닌 '줄번호'로 변경했습니다. 첫 번째 줄에서는 줄번호가 1이면 되고, 두 번째 줄에는 줄번호가 2로 변하면 되겠죠? 그럼 아래와 같이 줄번호가 1에서 4까지 순환하는 반복문을 만들어 그 안에 위 반복문을 넣을 수 있습니다.

```
String 별나무 = "";
for (int 줄번호 = 1; 줄번호 <= 4; 줄번호++){     ──→ 바깥쪽 반복문
    for (int 횟수 = 1; 횟수 <= 줄번호; 횟수++){
        별나무 = 별나무 + "*";
    }                                           ──→ 안쪽 반복문
    별나무 = 별나무 + "\n";
}
```

횟수 반복문(안쪽 반복문)을 둘러싼 또 다른 반복문(바깥쪽 반복문)을 만들었습니다. 이렇게 되면 '줄번호'가 1일 때를 시작으로 안쪽 반복문이 끝나면, 바깥쪽 반복문이 '줄번호'의 값을 2로 변경하고, 다시 안쪽 반복문이 실행됩니다.

3단계 확인하기

'줄번호' 값별로 일어나는 일을 다시 확인하면 다음과 같습니다.

바깥쪽 반복문 '줄번호' 값	안쪽 반복문

1	```for (int 횟수 = 1; 횟수 <= 1; 횟수++){```
	    별나무 = 별나무 + "*";
	```}```
	별나무 = 별나무 + "\n";

	| * | \n |

2	```for (int 횟수 = 1; 횟수 <= 2; 횟수++){```
	    별나무 = 별나무 + "*";
	```}```
	별나무 = 별나무 + "\n";

	| * | \n || * | * | \n |

3	```for (int 횟수 = 1; 횟수 <= 3; 횟수++){```
	    별나무 = 별나무 + "*";
	```}```
	별나무 = 별나무 + "\n";

	| * | \n | * | * | \n | * | * | * | \n |

4	```for (int 횟수 = 1; 횟수 <= 4; 횟수++){```
	    별나무 = 별나무 + "*";
	```}```
	별나무 = 별나무 + "\n";

	| * | \n | * | * | \n | * | * | * | \n | * | * | * | * | \n |

별나무 반복문 예시는 반복문 안의 반복문을 이해하기 위해 자주 사용됩니다. 실제 프로그래밍에서는 여러 겹의 반복문을 사용하기도 합니다.

코딩 실습 06 반복문 for 안의 for

실습 방법 [엘리스 코딩] 접속 → [Do it! 첫 코딩] 수업 → [코딩 실습 06] 선택

문제 숫자를 입력하면 입력된 숫자만큼 별나무가 화면에 나타나도록 코드를 완성해 보세요.

```
package elice;
public class 반복문2{
    public static void main(String[] args){
        코딩별.출력("별나무 줄 숫자를 입력하세요:");
        double 줄수 = 코딩별.숫자입력();

        String 별나무 = "";
```
→ 컴퓨터에 입력하는 숫자

```
        for (int 줄번호 = 1; 줄번호 <= 줄수; 줄번호++){
            for (int 횟수 = 1; 횟수 <= 줄번호; 횟수++){
                별나무 += "*";
            }
            별나무 += "\n";
        }
```
→ 별나무의 줄 숫자를 외부에서 전달받아서 그 숫자만큼 별나무 생성

```
        코딩별.출력(별나무);
    }
}
```

결과 [실행] 버튼을 누르면 다음과 같이 별나무 줄 수를 물어봅니다.

> **출력 결과**
>
> 별나무 줄 숫자를 입력하세요:

입력 칸에 4를 입력해 보세요. 오른쪽과 같이 4줄짜리 별나무가 화면에 나타나나요?

다시 [실행] 버튼을 클릭한 후, 다양한 값을 입력해 보세요.

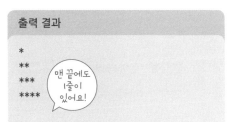

> **출력 결과**
>
> ```
> *
> **
> ***
> ****
> ```
> 맨 끝에도 1줄이 있어요!

03-8

조건문 + 반복문 함께 쓰기

조건문 if와 반복문 for를 같이 사용하는 간단한 예제를 연습해 보기 위해 앞에서
설명한 '별나무'를 다시 보겠습니다.

마지막에 '줄넘김' 문자가 없는 아래 문자열과 한번 비교해 보겠습니다.

두 문자열은 같은 결과를 보일까요? 아닙니다. '줄넘김' 문자가 눈에 보이지는 않
아도, 위의 문자열과 아래 문자열은 다음과 같이 화면에 다르게 표시됩니다.

마지막에 '줄넘김'이 있는 경우   마지막에 '줄넘김'이 없는 경우

즉, 왼쪽 문자열은 마지막에 줄넘김이 되었기 때문에 한 줄을 더 차지합니다. 그럼 오른쪽과 같이 마지막 줄을 없애려면 코드를 어떻게 수정해야 할까요?

자, 이런 상황에서 논리적인 사고가 필요합니다. 코딩할 땐 논리적이고 순차적인 사고가 머릿속에서 이루어져야 하죠.

1. 마지막 '줄넘김'을 제거하고 싶다.
2. 마지막 '줄넘김'은 언제 추가되는가?
3. 바깥쪽 반복문의 마지막 반복에서 입력된다.
4. 마지막 반복을 어떻게 구분할 수 있는가?
5. 변수 '줄번호'가 4일 때가 마지막 반복이다.
6. '줄번호'가 4가 아닐 때만 '줄넘김' 문자를 추가하자.

해결이 되었나요? 그럼 이제 논리적인 사고로 얻은 결론을 코딩으로 구현해 보겠습니다. '~일 때 ~한다'는 조건문이죠? '줄넘김' 문자를 추가하는 코드를 조건문을 사용해 제어해 보겠습니다.

144

```
String 별나무 = "";
for (int 줄번호 = 1; 줄번호 <= 4; 줄번호++){
    for (int 횟수 = 1; 횟수 <= 줄번호; 횟수++){
        별나무 += "*";
    }
    if (줄번호 <= 3){
        별나무 += "\n";
    }
}
```
→ 줄번호가 3 이하일 때만 줄넘김 추가

비교적 간단한 예제지만, 반복문과 조건문을 어떤 식으로 조합할 수 있는지 잘 보여주는 예시였습니다. 앞에서 설명했지만, 컴퓨터는 이러한 반복문과 조건문을 연속으로 조합하여 복잡한 계산을 단순화하고 엄청나게 빠른 속도로 계산하여 사람의 계산능력을 앞서갑니다.

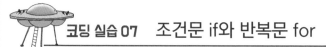

실습 방법 [엘리스 코딩] 접속 → [Do it! 첫 코딩] 수업 → [코딩 실습 07] 선택

문제 입력한 숫자만큼 별나무를 출력하는데, 마지막 줄은 '줄넘김'을 하지 않으려 합니다. 반복문 속에 조건문을 사용해 코드를 입력해 보세요.

```
package elice;
public class 반복문3{
    public static void main(String[] args){
        코딩별.출력("별나무 줄 숫자를 입력하세요:");
        double 줄수 = 코딩별.숫자입력();

        String 별나무 = "";

        for (int 줄번호 = 1; 줄번호 <= 줄수; 줄번호++){
            for (int 횟수 = 1; 횟수 <= 줄번호; 횟수++){
                별나무 += "*";
            }
            if (줄번호 <= 줄수-1){
                별나무 += "\n";
            }
        }
        코딩별.출력(별나무);
    }
}
```

마지막 줄은 '줄넘김'하지 않기 위한 조건문

반복문

결과 [실행] 버튼을 누르면 다음과 같이 별나무 줄 수를 물어봅니다.

출력 결과
별나무 줄 숫자를 입력하세요:

입력 칸에 4를 입력해 보세요. 오른쪽과 같은 결과가 나오나요?

[코딩 실습 06]에서는 마지막에 한 줄이 더 있었지요? 결과를 비교해 보세요.

출력 결과
* ** *** ****

03-9

내 코드를 설명해 줄게
— 코멘트(주석)

인간을 망각의 동물이라고 했나요? 가끔은 내가 작업했던 코딩 내용도 나중에 보면 기억이 안 나고, 로직이 이해가 안 될 때가 있습니다. 다른 사람이 작성한 코드를 이해할 때는 더 힘들겠죠? 프로그래밍 언어를 처음 개발한 분들도 이런 점이 아쉬웠던 것 같습니다.

코딩에 관여하지 않는 이야기 코너: 코멘트

그래서 코드에 영향을 미치지 않는 '이런저런 이야기'를 코드에 추가할 수 있게 하였습니다. 이 공간을 우리말로는 어려운 한자어인 '주석'이라고 부르는데, 요즘은 **코멘트**comment라는 단어를 더 많이 사용합니다(이 책에서는 주석이라는 단어 대신 코멘트라는 단어를 사용하겠습니다).

다음 조건문에 코멘트를 한번 추가해 보겠습니다.

자바 언어에서는 '/'(슬래시)를 두 번 연속해서 입력하면, // 뒤에 입력하는 내용은 프로그램의 실행에 아무런 영향을 미치지 않는 코멘트가 됩니다.

```
// 2번째 줄 다음에 줄넘김을 한 번 더 추가함
if (줄번호 == 2){
    별표시 = 별표시 + "\n"; // 줄넘김 추가
}
```

간혹 설명을 길게 하고 싶을 때도 있죠? 이럴 때는 아래와 같이 '/*' 기호와 '*/' 기호 사이에 코멘트를 추가합니다.

```
/* 2번째 줄 다음에 줄넘김을 한 번 더 추가하는 조건문. 변수 '줄'이 2가 되었을 때,
문자열 별표시에 줄넘김 문자를 추가함 */
if (줄번호 == 2){
    별표시 = 별표시 + "\n"; // 줄넘김 추가
}
```

정말 다양한 코멘트 기호

코멘트를 표시하는 기호는 프로그래밍 언어마다 다릅니다. 앞서 눈에 보이지 않는 문자를 표현하기 위해서 '\'(백슬래시)를 사용한 것과 마찬가지 개념으로 '코멘트'를 추가할 때도 잘 사용하지 않는 문자를 활용합니다. 대표적인 기호로는 '/'(슬래시), '#'(샵), ' '(작은따옴표)가 있습니다. 컴파일이 진행되는 동안 이러한 코멘트 표시 기호를 만나면, 컴파일러는 해당 문장을 '무시'합니다. 프로그래밍 언어를 만든 사람들의 고민과 번뜩이는 아이디어가 느껴지나요?

실습 방법 [엘리스 코딩] 접속 → [Do it! 첫 코딩] 수업 → [코딩 실습 08] 선택

문제 다른 사람이 코드를 봐도 이해할 수 있도록 자유롭게 주석을 추가해 보세요. 짧은 주석은 //, 긴 주석은 /*와 */ 사이에 입력합니다.

```
package elice;
public class 주석넣기{
    public static void main(String[] args){

        // 출력할 별나무의 줄 숫자를 입력받습니다
        코딩별.출력("별나무의 줄 숫자를 입력하세요:");
        double 줄수 = 코딩별.숫자입력();

        String 별나무 = "";   //별나무 문자열을 생성합니다

        /* ---
        바깥쪽 반복문: 줄번호를 하나씩 늘립니다
        안쪽 반복문: 별을 하나씩 별나무 문자열에 입력합니다
        --- */
        for (int 줄번호 = 1; 줄번호 <= 줄수; 줄번호++){
            for (int 횟수 = 1; 횟수 <= 줄번호; 횟수++){
                별나무 += "*";
            }
            if (줄번호 <= 줄수 -1){ //마지막 줄은 줄넘김을 하지 않습니다
                별나무 += "\n";
            }
        }
        코딩별.출력(별나무); // 별나무를 출력합니다
    }
}
```

결과 [실행] 버튼을 눌러보세요. 주석을 추가해도 실행 결과에 전혀 문제가 없죠?
한번 // 기호나 /* 기호를 삭제하고 [실행] 버튼을 눌러보세요. 오류 메시지가 나옵니다. 기호 없이 주석 내용을 적으면 컴퓨터가 '코드'로 인식하기 때문입니다.

04

코딩 종합선물세트,
클래스를 열어보자!

03장까지가 사실상 코딩의 전부입니다. 너무 단순해서 놀랐나요?

코딩은 앞에서 배운 조건문과 반복문, 그리고

변수와 메서드를 이용해 적절히 조합하는 것에 불과합니다.

이제부터는 '적절한 조합'을 위해 필요한 도구를 소개하고자 합니다.

바로 코딩 종합선물세트, '클래스'입니다.

04-1

클래스란?

추석이나 설 명절이 다가오면, 마트마다 경쟁하듯 진열하는 상품이 있습니다. 바로 종합선물세트입니다. 생활에 요긴한 여러 물품을 조금씩 모아서, 하나의 선물세트로 만들어 파는 것입니다. 이런 선물세트는 간편하게 '하나'만 사면 여러 취향을 만족시킬 수 있다는 점에서 시대가 변해도 꾸준히 사랑받는 선물 중 하나입니다.

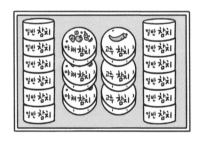
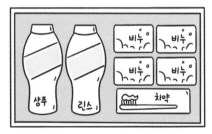

마트에는 종합선물세트, 코딩에는 클래스!

코딩 세계의 종합선물세트: 클래스

코딩에도 이런 선물세트 같은 개념이 존재합니다. 이것저것 필요한 기능을 조합해서 '하나'로 묶고 이름을 붙여서 언제든지 다시 불러와 편하게 사용할 수 있도록 만드는 기능입니다. 이러한 기능을 코딩에서는 **클래스**^{Class}라고 부릅니다.

'클래스'라고 하면 우리는 흔히 학교의 '학급' 또는 '수업'을 생각하지만, '종류'라는 의미도 있습니다. 정확히 말하면, 클래스라는 개념을 처음 도입한 개발자는 Classification이라는 단어를 의미하기 위해 Class라는 이름을 사용했다고 합니다. Classification을 사전에서 찾아보면 다음과 같이 나옵니다.

classification

1. 분류
2. 유형, 범주

분류? 선물세트 얘기를 하다가 갑자기 웬 '분류?' 하고 생각할 수도 있습니다. 그런데 선물세트를 잘 생각해 보면, 그냥 선물세트가 아니고 ○○선물세트라고 합니다. 세트 속 구성품의 종류에 따라 세트 이름을 짓는 것이죠. 참치선물세트, 건강식 선물세트, 홍삼선물세트 등등. '하나'로 묶어놓았지만, 어떤 공통된 특징에 따라 '분류'하여 만든 코딩 종합선물세트를 **클래스**^{Class}라고 부릅니다.

클래스를 이용하면 뭐가 좋아요?

클래스가 왜 필요할까요? 101쪽에서 우리는 아주 오래된 고전 슈팅 게임과 최신 슈팅 게임을 비교해 보았습니다. 그러면서 최신 슈팅 게임이 고전 슈팅 게임보다 훨씬 더 완성도가 높고 화려하지만, 실제 코딩 시간은 오히려 고전 슈팅 게임이 더 걸렸을 수 있다고 했습니다. 왜냐하면, 프로그래밍 개발 환경이 점점 좋아지면서 예전에 개발된 좋은 코드를 재활용할 수 있게 되었기 때문입니다. 갈수록 좋은 프로그램이 나오고, 좋아진 프로그램의 기능들을 재활용해서 더 좋은 프로그램을 만들다 보니 '재활용을 좀 더 쉽게 하는 방법이 무엇일까?'를 개발자들이 생각하게 되었습니다. 그래서 만들어진 것이 '클래스'입니다. 각각의 기능을 구분하여 하나로 묶고, '이 기능은 저기에 한 번, 저 기능은 여기에 한 번' 식으로 쏙쏙 빼서 쉽게 사용할 수 있게 만든 것이죠.

조금 더 간단한 예로 아래 책상을 한번 생각해 볼게요. 'ㄷ'자형 책상입니다.

모듈형 책상을 조합하듯 클래스를 조합해 코딩하는 '객체지향형 프로그래밍'

왼쪽은 붙어 있는 형태의 책상이고, 오른쪽은 3개의 책상으로 분리되는 모듈형 책상입니다. 같은 'ㄷ'자형 책상이지만, 왼쪽은 'ㄷ'자 모양으로밖에 사용하지 못하는 반면, 오른쪽은 3개의 책상으로 분리해서 따로 사용할 수도 있고 다른 모양으로 재구성할 수도 있습니다. 어떻게 이런 일이 가능한 걸까요? 조그만 기능 단위로 책상을 구분하였기 때문입니다.

프로그래밍에서도 똑같습니다. 하나의 프로그램에 들어가는 여러 가지 기능을 클래스라는 단위로 '구분'하여 부분 부분 재활용할 수 있게 합니다. 즉, 작게 구분하는 단위가 클래스이고, 이러한 클래스를 사용해서 코딩하는 것을 '**객체지향형 프로그래밍**Object Oriented Programming'이라고 합니다. 하나의 묶음(객체)을 지향한다는 의미죠.

04-2

내가 만든 변수
— 클래스, 인스턴스

지금부터 여러분이 프로그래머이고, 참치 캔으로 유명한 ABC식품의 관리시스템
에 참치선물세트를 추가해 달라는 요청을 받았다고 가정하겠습니다. 그럼 참치
선물세트를 클래스로 만들어볼까요?

1단계 클래스 기본형 만들기

클래스는 실제 어떤 형태로 되어 있을까요? 일반참치, 야채참치, 고추참치가 담
긴 '참03호' 선물세트를 클래스로 만들면 다음과 같습니다.

참03호

```
class 참치선물세트{          ──→ 클래스의 이름
    int 일반;
    int 야채;    ┐
    int 고추;    ┘──→ 클래스의 내용
}
```

무척 간단하지 않나요?

class라는 선언으로 시작해서 클래스 이름을 적고, 대괄호 { } 사이에 클래스의
내용을 적으면 끝입니다. 이것으로 참치선물세트를 만들 '틀'이 만들어졌습니다.
비유하자면 참치선물세트 공장 기계에 '일반참치, 야채참치, 고추참치로 선물세
트를 만들겠다'고 입력해 둔 것이죠. 아직 선물세트가 만들어진 건 아닙니다.

2단계 인스턴스 이해하기

이렇게 클래스를 통해서 실제로 만들어지는 일종의 변수인 '참03호'를 **인스턴스**
instance라고 부릅니다. 예컨대 아래와 같은 도장을 쓸 때, '도장 자체'는 클래스이
지만, '종이에 찍힌 도장 자국'은 인스턴스라고 말할 수 있습니다. 매일매일 종이
에 찍히는 도장의 날짜가 다르듯이, 인스턴스를 만들 때 값을 변경해서 그때그때
다른 값을 가지게 할 수 있죠.

도장 자체: 클래스

종이에 찍힌 도장 자국: 인스턴스

(출처: http://www.10x10.co.kr)

참치선물세트 클래스로 일반참치만 20개 들어 있는 '참01호'를 만들 수도 있고, 야채참치와 고추참치까지 들어 있는 '참03호'도 만들 수 있습니다.

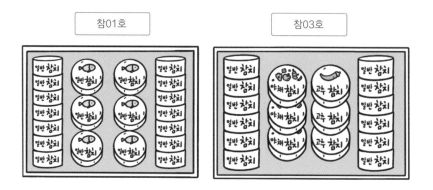

3단계 인스턴스의 속성 변경하기

그럼 이제 '참03호' 인스턴스를 코드로 정의해 보겠습니다. 정수형 변수를 선언할 때 다음과 같이 썼던 것 기억하나요? 이와 비슷합니다.

사용할 클래스의 이름 '참치선물세트'를 적고, 그 구성으로 만들 선물세트의 이름 '참03호'를 선언하죠.

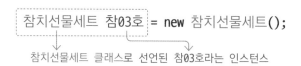

즉, 클래스의 이름 자체가 일종의 변수형처럼 인식이 됩니다. 변수 선언과 달리 뒤에 '= new 클래스 이름()'이 붙지요? 이렇게 선언해야 인스턴스가 정상적으로 생성됩니다.

'참03호' 인스턴스 안에 참치도 담아보겠습니다.

참치선물세트 참03호 = new 참치선물세트(); ──→ 참03호 인스턴스 생성

참03호.일반 = 12;
참03호.야채 = 3; ┐→ 참치 담기
참03호.고추 = 3; ┘

익숙한 형태죠? 48쪽에서 설명한 점(.)을 사용한 속성 표현 방법입니다. '참03호'의 일반에 12를 저장하고, '참03호'의 야채에 3을, '참03호'의 고추에 3을 저장하라고 읽을 수 있습니다.

같은 방식으로 일반참치만 들어간 '참01호' 인스턴스를 만들면 다음과 같습니다.

참치선물세트 참01호 = new <u>참치선물세트</u>(); ──→ 참01호 인스턴스 생성

참01호.일반 = 20;
참01호.야채 = 0; ┐→ 참치 담기
참01호.고추 = 0; ┘

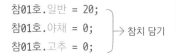
이 부분은 항상 클래스 이름과 같아야 해요

일반참치만 20개 담은 '참01호' 인스턴스

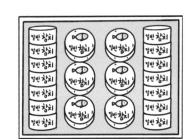

4단계 클래스와 인스턴스가 선언되는 위치 이해하기

지금까지 배운 클래스와 인스턴스는 코드의 어느 부분에서 선언해야 할까요? 다시 정수형 변수 A를 선언하는 코드부터 살펴보겠습니다.

```
int A;
```

이 코드에서 int가 무엇인지 정의했었나요? int가 무엇인지에 대한 정의는 따로 하지 않았습니다. 우리가 알지 못하는 어딘가에 따로 정의되어 있기 때문입니다. 클래스에서도 마찬가지입니다.

```
참치선물세트 참03호 = new 참치선물세트();

참03호.일반 = 12;
참03호.야채 = 3;
참03호.고추 = 3;
```

'참치선물세트' 클래스 자체의 정의는 다른 곳에서 '미리' 정의해 놓습니다. 그래서 클래스를 선언하는 부분은 대부분 별도의 파일에 저장됩니다. 즉, 클래스를 선언하는 파일과 그 클래스를 사용한 인스턴스를 선언하는 파일이 다른 것이죠.

```
class 참치선물세트{
    int 일반;
    int 야채;
    int 고추;
}
```

클래스 이름과
파일 이름이 같아야 해요!

클래스 선언

```
class 메인{

// 생략

참치선물세트 참03호 = new 참치선물세트();

참03호.일반 = 12;
참03호.야채 = 3;
참03호.고추 = 3;

// 생략
```

클래스 선언과
인스턴스 선언을
다른 파일에 해요!

인스턴스 선언

이렇게 별도의 파일로 관리하는 이유는 '객체지향 프로그래밍'의 특성 때문입니다. 앞에서 봤던 'ㄷ'자 형태의 모듈형 책상을 기억하나요?

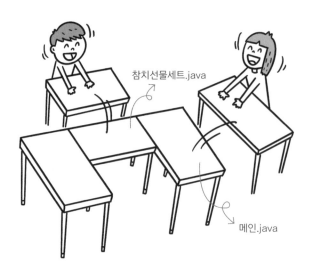

참치선물세트.java

메인.java

이렇게 프로그래밍을 하려면 코드를 클래스 단위로 묶어야 할 뿐만 아니라, 파일도 하나의 묶음으로 만들어야 합니다. 그래야 어디든 쉽게 가져다가 쓸 수 있기 때문입니다. 대부분 하나의 파일에 클래스를 하나만 작성하지만, 소규모 프로젝트의 경우 하나의 파일에 여러 개의 클래스를 입력하는 경우도 있습니다.

코딩 실습 09 클래스 만들기

실습 방법 [엘리스 코딩] 접속 → [Do it! 첫 코딩] 수업 → [코딩 실습 09] 선택

실습 칫솔, 치약, 샴푸, 린스, 비누로 구성된 세면도구세트를 코드로 만들려고 합니다.

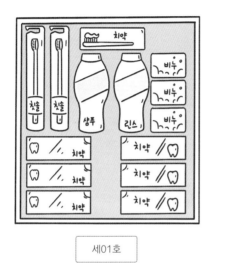

세01호

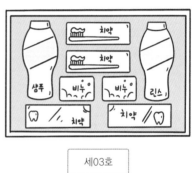

세03호

'세면도구세트.java' 파일을 클릭한 후, '세면도구세트'라는 이름으로 클래스를 만드세요.
내용물은 위 그림에 들어간 칫솔, 치약 등을 모두 적으면 되겠지요?

세면도구세트.java

```
package elice;
class 세면도구세트{
    int 칫솔;
    int 치약;
    int 비누;
    int 샴푸;
    int 린스;
}
```

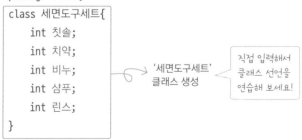

'세면도구세트'
클래스 생성

직접 입력해서
클래스 선언을
연습해 보세요!

다음으로 '클래스만들기.java' 파일을 선택한 후 박스 안의 코드와 같이 인스턴스 '세01호'
와 '세03호'를 만드세요. 앞 그림에서 칫솔은 몇 개인지, 치약은 몇 개인지 각각의 개수를 센
후 입력하면 됩니다.

```java
package elice;
public class 클래스만들기{
    public static void main(String[] args){

        세면도구세트 세01호 = new 세면도구세트();
        세01호.칫솔 = 2;
        세01호.치약 = 7;          →  세01호 인스턴스
        세01호.비누 = 3;             생성
        세01호.샴푸 = 1;
        세01호.린스 = 1;

        세면도구세트 세03호 = new 세면도구세트();
        세03호.칫솔 = 0;
        세03호.치약 = 4;          →  세03호 인스턴스
        세03호.비누 = 2;             생성
        세03호.샴푸 = 1;
        세03호.린스 = 1;

        //출력 메서드 생략
    }
}
```

package와 public 등은 뒤에서 배울 것입니다. 지금은 인스턴스 생성만 해보세요!

결과 [실행] 버튼을 눌러보세요. 다음과 같이 '세01호'와 '세03호'의 내용물이 출력되면
성공입니다!

출력 결과

** 세01호 **
칫솔: 2
치약: 7
비누: 3
샴푸: 1
린스: 1

** 세03호 **
칫솔: 0
치약: 4
비누: 2
샴푸: 1
린스: 1

04-3

인스턴스를 초기화하는 방법
― 생성자

생성자 이해하기

클래스와 인스턴스를 정의하는 [코딩 실습 09]를 열심히 풀어보았나요? 푼 사람이라면 클래스와 인스턴스 이름을 매번 쓰는 게 상당히 번거롭다는 걸 느꼈을 겁니다. 프로그래머는 반복되는 과정을 싫어합니다. 그래서 반복되는 과정을 최대한 짧게 표현하는 방법을 또 고안했습니다. 클래스를 선언할 때 **생성자**Constructor를 추가해 인스턴스의 변수에 값을 넣는 과정을 간단히 표현하는 거죠.

'생성자'라는 낯선 개념을 배우기에 앞서, 변수를 선언하는 과정을 다시 보겠습니다. 두 줄로 선언하던 코드를 아래와 같이 한 줄로 만들었던 것, 기억하나요?

```
int 야채;
```

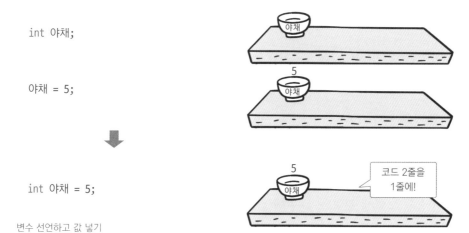

```
야채 = 5;
```

```
int 야채 = 5;
```

변수 선언하고 값 넣기

비슷한 방법으로 인스턴스를 만드는 코드를 한 줄로 만들 수 있습니다.

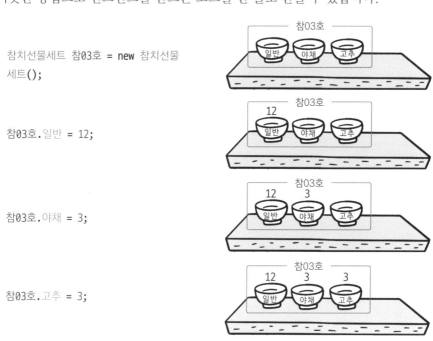

```
참치선물세트 참03호 = new 참치선물
세트();
```

```
참03호.일반 = 12;
```

```
참03호.야채 = 3;
```

```
참03호.고추 = 3;
```

참치선물세트 참03호 = new 참치선물
세트(12,3,3);

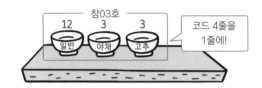

인스턴스 선언하고 값 넣기

1단계 생성자를 코드로 작성하기

그런데 괄호 안에 입력된 첫 번째 값이 일반참치의 값이고, 두 번째 값이 야채참
치의 값, 세 번째 값이 고추참치의 값이라는 것을 단순한 컴퓨터가 알 수 있을까
요? 당연히 알 수 없습니다. 그래서 각각의 값이 어느 변수에 저장되어야 하는지
를 알려주어야 하는데, 생성자가 바로 그 역할을 합니다.

'참치선물세트' 클래스에 생성자를 넣어보겠습니다.

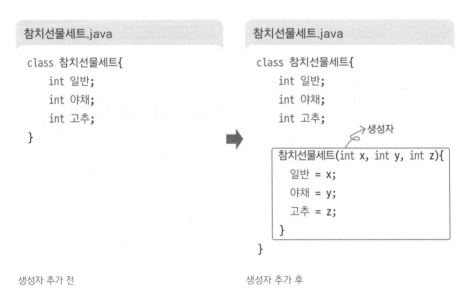

참치선물세트.java

```
class 참치선물세트{
    int 일반;
    int 야채;
    int 고추;
}
```

생성자 추가 전

참치선물세트.java

```
class 참치선물세트{
    int 일반;
    int 야채;
    int 고추;
                        → 생성자
    참치선물세트(int x, int y, int z){
        일반 = x;
        야채 = y;
        고추 = z;
    }
}
```

생성자 추가 후

메인.java

//생략

참치선물세트 참03호 = new 참치선물세
트();
참03호.일반 = 12;
참03호.야채 = 3;
참03호.고추 = 3;

생성자 추가 전

메인.java

//생략

참치선물세트 참03호 = new 참치선물세
트(12,3,3);

생성자 덕분에
인스턴스 선언이
간단해졌어!

생성자 추가 후

인스턴스 선언 코드가 4줄에서 1줄로 간단해진 게 보이나요?

그럼 이제 생성자가 어떻게 생겼는지 살펴보겠습니다. 생성자는 얼핏 보면 메서
드와 형태가 비슷합니다. 생성자의 이름을 말하고, 외부에서 변수를 입력받고, 그
안에서 무언가 행동이 일어나죠. 하지만 다음 2가지가 메서드와 다릅니다.

· 생성자의 이름은 클래스 이름과 동일하게 짓습니다.
· 생성자 이름 앞에 return 값의 변수형이나 void를 입력하지 않습니다.

생성자를 사용해 인스턴스를 만드는 방식을 메서드와 비슷하게 그림으로 나타내
면 다음과 같습니다.

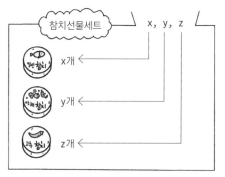

참치선물세트를 만드는 생성자

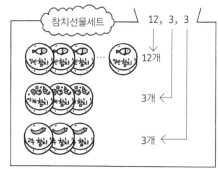

생성자를 사용해 인스턴스 '참03호'를 만드는 과정

169

인스턴스에 어떤 변수를 사용할지 생성자에 미리 약속해 두면, 그 약속대로 값을 입력받는 것이죠.

```
class 참치선물세트{
    int 일반;
    int 야채;
    int 고추;

    참치선물세트(int x, int y, int z){
        일반 = x;
        야채 = y;
        고추 = z;
    }
}
```

생성자를 따라 12는
일반, 3은 야채, 3은
고추에 입력하라는
말이구나~

메인.java

```
//생략

참치선물세트 참03호 = new 참치선물세트(12,3,3);
```

이렇게 클래스의 인스턴스를 처음 생성할 때, 각 메모리 그릇을 만들어주고 동시에 값을 넣는 일련의 작업을 '**초기화**'라고 합니다. 그래서 '○○○ 클래스의 인스턴스를 초기화한다'는 말은 '○○○ 클래스 형태로 된 인스턴스 메모리 그릇 묶음을 만들고, 각 메모리 그릇에 초깃값을 넣어준다'는 의미라고 생각하면 됩니다.

2단계 생성자 여러 개 만들기

생성자는 필요에 따라 클래스당 하나 이상 만들 수도 있습니다. 예를 들어서, '고추참치와 야채참치가 없는 참01호' 같은 세트를 위해 다음과 같이 생성자 #2를 추가할 수도 있습니다.

참치선물세트.java

```
class 참치선물세트{
    int 일반;
    int 야채;
    int 고추;

        참치선물세트(int x, int y, int z){
          일반 = x;
          야채 = y;                          ──→ 생성자 #1
          고추 = z;
        }
        참치선물세트(int x){
          일반 = x;
          야채 = 0;                          ──→ 생성자 #2
          고추 = 0;
        }
}
```

메인.java

```
//생략

참치선물세트 참03호 = new 참치선물세트(12,3,3);
참치선물세트 참01호 = new 참치선물세트(20);
```

그러면 다음과 같은 과정으로 인스턴스가 만들어집니다.

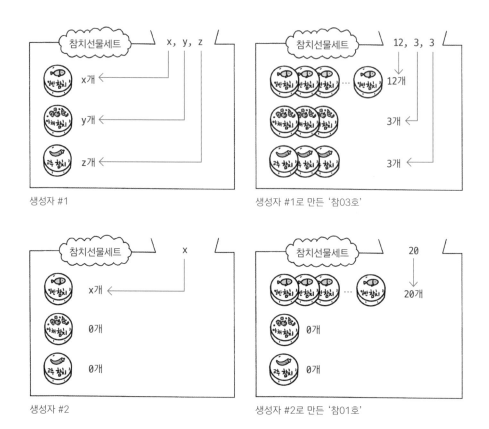

생성자 #1

생성자 #1로 만든 '참03호'

생성자 #2

생성자 #2로 만든 '참01호'

 궁금해요! 클래스 이름과 인스턴스 이름, 어떻게 구분해요?

클래스는 용도에 따라 매우 다양하게 사용돼 기본적으로 자바가 제공하는 클래스만 해도 그 종류가 엄청나게 많습니다. 그러다 보니 무엇이 클래스이고, 인스턴스인지를 구분할 필요가 있습니다. 프로그래머들은 보통 클래스 이름 첫 글자를 영문 대문자로 쓰고, 인스턴스 이름은 첫 글자를 영문 소문자로 써서 구분하곤 합니다.

```
class TunaCanGiftSet{
    int normalTuna;
    int vegTuna;
    int spicyTuna;

    TunaCanGiftSet(int x, int y, int z){
        normalTuna = x;
        vegTuna = y;
        spicyTuna = z;
    }

    TunaCanGiftSet(int x){
        normalTuna = x;
        vegTuna = 0;
        spicyTuna = 0;
    }
}
```

클래스 이름은
첫 글자가 대문자!

```
public class Main{
  public static void main(String[] args){
    TunaCanGiftSet tunaSet01 = new TunaCanGiftSet(20, 0, 0);

    // 이하 생략
  }
}
```

인스턴스 이름은
첫 글자가 소문자!

위의 예시처럼 참치선물세트 클래스의 이름은 대문자로 시작하는 TunaCanGiftSet라고 만들고, 참치선물세트의 인스턴스는 소문자로 시작하는 tunaSet01로 만들면 됩니다. 이러한 명명 방식은 의무는 아니지만, 프로그래머들 사이에서 일종의 약속처럼 통용되고 있습니다.

실습 방법 [엘리스 코딩] 접속 → [Do it! 첫 코딩] 수업 → [코딩 실습 10] 선택

실습 생성자를 사용해 [코딩 실습 09]에서 만든 세면도구세트 인스턴스를 더 쉽게 만들어보 겠습니다. '세면도구세트.java'를 클릭한 후, 생성자 코드를 입력해 보세요.

세면도구세트.java

```java
package elice;
class 세면도구세트{
    int 칫솔;
    int 치약;
    int 비누;
    int 샴푸;
    int 린스;

    세면도구세트(int A, int B, int C, int D, int E){
        칫솔 = A;
        치약 = B;
        비누 = C;
        샴푸 = D;
        린스 = E;
    }
}
```

생성자

생성자를 만들었다면 '생성자만들기.java'를 클릭한 후, '세01호'와 '세03호'를 만들어보세요. 생성자를 만들었으니 인스턴스 생성 코드가 간단하겠죠?

생성자만들기.java

```
package elice;
public class 생성자만들기{
    public static void main(String[] args){

        세면도구세트 세01호 = new 세면도구세트(2,7,3,1,1);
        세면도구세트 세03호 = new 세면도구세트(0,4,2,1,1);

        //출력 메서드 생략
    }
}
```

→ 짧아진 인스턴스 생성 코드

결과 [실행] 버튼을 눌러보세요. 다음과 같이 '세01호'와 '세03호'의 내용물이 출력되면 성공입니다!

출력 결과

```
** 세01호 **
칫솔: 2
치약: 7
비누: 3
샴푸: 1
린스: 1

** 세03호 **
칫솔: 0
치약: 4
비누: 2
샴푸: 1
린스: 1
```

04-4

인스턴스가 자신을 가리키는 말
— this

생성자를 사용할 때 종종 등장하는 예약어(미리 약속으로 정해 둔 단어)가 있습니다. 바로 'this'입니다. 앞에서 살펴봤던 생성자 코드를 다시 보겠습니다.

참치선물세트.java

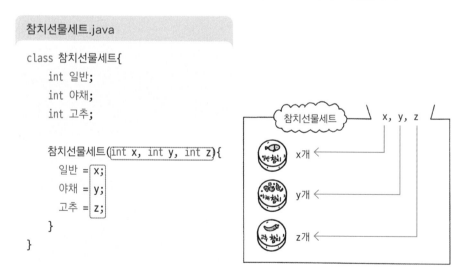

```
class 참치선물세트{
    int 일반;
    int 야채;
    int 고추;

    참치선물세트(int x, int y, int z){
        일반 = x;
        야채 = y;
        고추 = z;
    }
}
```

참치선물세트 생성자에서 각 변수의 값을 외부에서 받기 위해, 받는 변수 이름으로 x, y, z를 사용했습니다.

각각 일반참치, 야채참치, 고추참치의 개수를 가리키는 변수인데 x, y, z라고 막연하게 이름을 입력하니 조금 혼동되네요. 코딩할 때 변수 이름은 그 안에 담는 값을 나타내는 게 좋습니다. 의미를 그대로 담아서 다음과 같이 바꾸면 어떨까요?

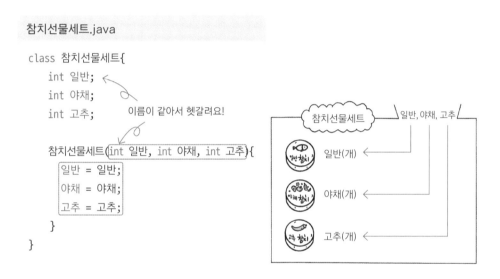

참치선물세트.java

```
class 참치선물세트{
    int 일반;
    int 야채;
    int 고추;        이름이 같아서 헷갈려요!

    참치선물세트(int 일반, int 야채, int 고추){
        일반 = 일반;
        야채 = 야채;
        고추 = 고추;
    }
}
```

이렇게 하면 의미는 명확해지지만 생성자에서 선언한 '일반'이라는 정수형과 생성자 바깥에서 선언한 클래스 자체의 '일반'이라는 정수형을 구분하기 힘드네요. 이때 또 프로그래밍 코드를 만든 사람의 지혜가 발휘됩니다. 바로, 'this'의 등장입니다. 위 코드를 아래와 같이 변경해 보겠습니다.

```
class 참치선물세트{
    int 일반;
    int 야채;
    int 고추;

    참치선물세트(int 일반, int 야채, int 고추){
        this.일반 = 일반;
        this.야채 = 야채;
        this.고추 = 고추;
    }
}
```

영어로 'this'는 '이것'을 뜻하지만, 프로그래밍에서는 '우리'라는 번역이 더 적합할 것 같습니다. 즉, 위의 코드에서 this.일반은 '우리의 일반'입니다. 다시 말해서 생성자 안에서 만들어진 변수가 아니라, 클래스에서 정의된 '우리의' 변수라는 표시입니다. 이렇게 'this'를 붙이니 변수 이름이 같아도 확실하게 구분이 되지요?

코딩 실습 11　this 사용하기

실습 방법 [엘리스 코딩] 접속 → [Do it! 첫 코딩] 수업 → [코딩 실습 11] 선택

실습　this를 사용해 '세면도구세트.java' 생성자를 만들어보세요. 그리고 this를 붙인 칫솔과 붙이지 않은 칫솔이 각각 무엇을 의미하는지 기억해 보세요.

세면도구세트.java

```java
package elice;
class 세면도구세트{
    int 칫솔;
    int 치약;
    int 비누;
    int 샴푸;
    int 린스;
                                                        this 사용

    세면도구세트(int 칫솔, int 치약, int 비누, int 샴푸, int 린스){
        this.칫솔 = 칫솔;
        this.치약 = 치약;
        this.비누 = 비누;
        this.샴푸 = 샴푸;
        this.린스 = 린스;
    }
}
```

'this사용하기.java'를 클릭한 후, 복습하는 의미로 인스턴스를 만들어보세요.

this사용하기.java

```
package elice;
public class this사용하기{
    public static void main(String[] args){           인스턴스 생성

        세면도구세트 세01호 = new 세면도구세트(2,7,3,1,1);
        세면도구세트 세03호 = new 세면도구세트(0,4,2,1,1);

        //출력 메서드 생략
    }
}
```

결과 [실행] 버튼을 눌러보세요. 다음과 같이 '세01호'와 '세03호'의 내용물이 출력되면 성공입니다!

출력 결과

```
** 세01호 **
칫솔: 2
치약: 7
비누: 3
샴푸: 1
린스: 1

** 세03호 **
칫솔: 0
치약: 4
비누: 2
샴푸: 1
린스: 1
```

04-5

클래스에
메서드 추가하기

앞에서 코딩의 핵심이 변수와 메서드라고 설명했지요? 지금까지 클래스 안에서 변수만 다뤘으니, 이번엔 클래스에 메서드를 추가하고 사용해 보겠습니다.

1단계 메서드 추가하기

'참치선물세트' 클래스 파일에, 선물세트 안에 있는 모든 참치 캔의 개수를 더하는 메서드를 추가해 보겠습니다.

참치선물세트.java

```
class 참치선물세트{
    int 일반;
    int 야채;
    int 고추;

    참치선물세트(int 일반, int 야채, int 고추){
      this.일반 = 일반;
      this.야채 = 야채;                              생성자
      this.고추 = 고추;
    }

    int 총합(){
        int 전체개수;
        전체개수 = this.일반 + this.야채 + this.고추;        ↝ 메서드 생성
        return 전체개수;
    }
}
```

복습하는 의미로 메서드 코드를 읽어볼까요? 메서드 이름은 '총합'이고, 총합 다음 괄호( ) 안에 아무것도 없으니 외부에서 메서드 안으로 가져오는 값은 없습니다. 클래스에서 이미 정의한 'this.일반', 'this.야채', 'this.고추' 참치 캔의 개수를 모두 더한 다음, 더한 값을 정수형 메모리 그릇에 리턴하는 메서드입니다.

2단계 메서드 사용하기

그럼 클래스 안에 선언된 메서드를 어떻게 사용하는지 알아보겠습니다. '총합' 메서드를 사용해 '참03호' 인스턴스의 전체 참치 캔의 개수를 출력하는 코드는 다음과 같습니다.

```
//생략
참치선물세트 참03호 = new 참치선물세트(12,3,3);
int 총개수 = 참03호.총합();
```

결괏값이 담길   인스턴스 이름   메서드 이름( )
메모리 그릇 이름

메서드 결과로 '총개수' 메모리 그릇에 어떤 값이 담길까요? '참03호'에 일반참치 12개, 야채참치 3개, 고추참치 3개가 들어 있으니 18이라는 값이 담길 것입니다.

3단계 리턴 값 없는 메서드 사용하기

이번에는 참치 캔 개수를 화면에 출력하는 메서드를 만들어보겠습니다. 이때 자바에서 쓰는 정식 출력 명령어 대신, 아래와 같이 **코딩별.출력**이라는 메서드를 사용하면 화면에 출력된다고 가정하겠습니다.

```
System.out.println("안녕!");    // 자바 출력 명령어
코딩별.출력("안녕!");              // 이 책에서만 쓰는 출력 명령어
```

참치선물세트.java

```
class 참치선물세트{
//생략                                     ↘ 리턴 값 없는
                                             메서드 생성
    void 출력(String 세트이름){
        코딩별.출력("** " + 세트이름 + " 내용물 **");
        코딩별.출력("일반참치:" + this.일반);
        코딩별.출력("야채참치:" + this.야채);
        코딩별.출력("고추참치:" + this.고추);
    }
}
```

출력 메서드가 리턴 값이 없는 메서드라는 표시로, 메서드 이름 앞에 void를 입력했습니다. 메서드를 사용할 때도 결괏값을 받을 메모리 그릇이 필요 없습니다.

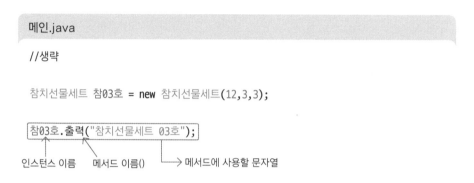

결과가 어떻게 나올지 상상이 되나요? 다음과 같이 나타난답니다.

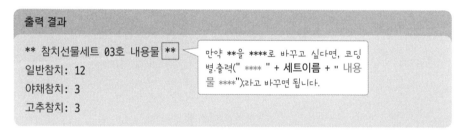

지금까지 예시로 든 메서드는 단순한 형태입니다. 03장에서 배운 조건문과 반복문을 활용하면 더 다양한 메서드를 만들 수 있습니다.

실습 생성자를 추가해 인스턴스 선언이 간단해진 것처럼, 메서드도 클래스 파일에서 미리 준비해 두면 소스 코드가 간단해집니다. '세면도구세트.java' 파일에 내용물을 화면에 출력하는 출력하기() 메서드를 추가해 보세요.

세면도구세트.java

```java
package elice;
class 세면도구세트{
    int 칫솔;
    int 치약;
    int 비누;
    int 샴푸;
    int 린스;

    //생성자 생략

    void 출력하기(String 세트이름){
        코딩별.출력("*** " + 세트이름 + " 내용물 ***");
        코딩별.출력(" 칫솔: " + 칫솔);
        코딩별.출력(" 치약: " + 치약);
        코딩별.출력(" 비누: " + 비누);
        코딩별.출력(" 샴푸: " + 샴푸);
        코딩별.출력(" 린스: " + 린스);
    }
}
```

내용물 출력하는
메서드 추가

'메서드추가.java' 파일을 열면 미리 출력하기() 메서드를 사용해 코드를 작성해 두었습니다.

메서드추가.java

```java
package elice;
public class 메서드추가{
    public static void main(String[] args){

        세면도구세트 세01호 = new 세면도구세트(2,7,3,1,1);
        세면도구세트 세03호 = new 세면도구세트(0,4,2,1,1);

        세01호.출력하기("세면도구세트 01호");    → 메서드 사용
        세03호.출력하기("세면도구세트 03호");
    }
}
```

결과 [실행] 버튼을 눌러보세요.

출력 결과

```
*** 세면도구세트 01호 내용물 ***
칫솔: 2
치약: 7
비누: 3
샴푸: 1
린스: 1

*** 세면도구세트 03호 내용물 ***
칫솔: 0
치약: 4
비누: 2
샴푸: 1
린스: 1
```

[코딩 실습 11]의 'this사용하기.java' 코드와 [코딩 실습 12]의 '메서드추가.java' 코드를 비교해 보세요. 긴 메서드 코드가 깔끔하게 정리된 것을 알 수 있습니다.

04-6

클래스가 확장되는 방법
─ 상속, 오버라이드

명절이 되면 선물세트의 종류도 다양해집니다. 아래 '특01호'를 보면 선물세트이 긴 한데, 원래 참치선물세트 클래스에는 없는 카놀라유와 햄까지 들어가 있네요. '특01호'를 인스턴스로 만들려면 어떻게 해야 할까요?

새로운 클래스를 만들기 위해선, 클래스를 처음부터 다시 작성해야 합니다. 하지 만 기존 클래스를 '확장'해 만들면 더 쉽게 만들 수 있습니다.

클래스를 물려받다: 상속과 슈퍼클래스

클래스 확장이란 말 그대로 기존 클래스에 무엇인가를 추가해서 새로운 클래스를 만드는 걸 말합니다. 정식 명칭으로는 '**상속**'이라고 합니다. 그럼 어떻게 확장을 하는지 알아볼까요?

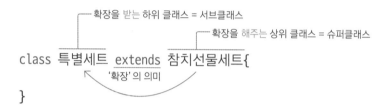

변수는 그릇, 메서드는 네모로 생각하면 다음과 같이 표현할 수 있습니다.

이렇게 확장을 하면 '특별세트' 클래스는 클래스 선언을 할 때 아무런 내용을 안 쓰더라도, '참치선물세트' 클래스의 변수와 메서드를 사용할 수 있습니다. 이때 확장을 해주는 클래스를 상위 클래스라는 의미로 **슈퍼클래스**Super Class라고 부릅니다.

슈퍼맨의 이미지 때문에 '슈퍼'를 '강한', '큰'의 뜻으로 오해할 수 있지만, 여기서 '슈퍼'는 '위에 있는'이라는 의미입니다. 실제로 공학 영어에서 '슈퍼 구조물Super

Structure'이라고 하면, '엄청 튼튼한 구조물'이라는 뜻이 아니라, 아래 그림에서 보듯 상부 구조물이라는 뜻입니다.

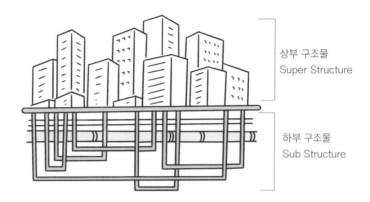

상부 구조물
Super Structure

하부 구조물
Sub Structure

실제 코드로 클래스 상속 사용해 보기

(이 부분은 초보자에게 조금 어려울 수 있습니다. 이해하기 힘들다면 바로 04-7로 넘어가도 좋아요.)

이제 상속을 사용해 '특별세트' 클래스를 만들어보겠습니다. 다음 코드는 앞에서 메서드를 만들었던 '참치선물세트' 클래스 파일과 이를 상속받은 '특별세트' 클래스 파일입니다.

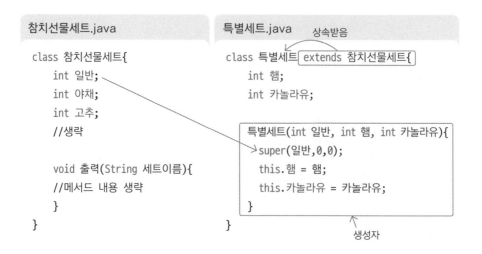

'특별세트' 클래스의 생성자에서 super를 사용한 게 보이나요? 상속을 받은 클래스에서 super라는 단어는 슈퍼클래스의 생성자를 호출합니다. 즉, super(일반, 0, 0)은 **참치선물세트(일반, 0, 0)**이라고 이해할 수 있습니다. 마찬가지로 super.야채라는 코드는 슈퍼클래스의 야채라는 변수를 호출합니다.

상속받은 메서드도 사용해 볼까요? 다음과 같이 '특별세트'에서 선언하지 않은 '출력'이라는 메서드를 실행해도 오류가 발생하지 않습니다. 슈퍼클래스인 '참치선물세트'에 출력() 메서드가 있기 때문이죠.

//생략

특별세트 특01호 = new 특별세트(6,3,2);
특01호.출력("특별세트 01호");

특01호

출력 결과

** 특별세트 01호 내용물 **
일반참치: 6
야채참치: 0
고추참치: 0

왜 출력 결과에
참치만 나오지?

그런데 출력 결과가 조금 이상하지 않나요? 햄과 카놀라유 개수가 나타나지 않네요! 그 이유는 '참치선물세트' 클래스의 출력() 메서드 코드가 다음과 같이 일반참치, 야채참치, 고추참치의 개수만 나타내도록 작성되었기 때문입니다.

참치선물세트.java

```java
class 참치선물세트{
//생략

    void 출력(String 세트이름){
        코딩별.출력("** " + 세트이름 + " 내용물 **");
        코딩별.출력("일반참치:" + this.일반);
        코딩별.출력("야채참치:" + this.야채);
        코딩별.출력("고추참치:" + this.고추);
    }
}
```

햄과 카놀라유를
화면에 출력하는
코드가 없어요!

191

우리가 원하는 대로 '특01호' 내용물로 일반참치 6개, 햄 3개, 카놀라유 2개가 나오려면 출력() 메서드를 덮어써야 합니다. 다음과 같이 말이죠.

특별세트.java

```
class 특별세트 extends 참치선물세트{
    int 햄;
    int 카놀라유;

    특별세트(int 일반, int 햄, int 카놀라유){
        super(일반,0,0);
        this.햄 = 햄;
        this.카놀라유 = 카놀라유;
    }
```
생성자

```
    void 출력(String 세트이름){
        super.출력(세트이름);
        코딩별.출력(" 햄:" + 햄);
        코딩별.출력(" 카놀라유:" + 카놀라유);
    }
}
```
상속받은 메서드(일반, 야채, 고추 참치를 화면에 출력)

이름은 같지만 내용이 다른 메서드

이렇게 슈퍼클래스에서 정의된 메서드를 서브클래스에서 같은 이름의 메서드로 다시 정의하는 걸 **오버라이드**Override라고 합니다. 우리말로 바꾸면 '덮어쓰기'입니다.

192

이제 출력 결과가 어떻게 나오는지 볼까요?

```
//생략

특별세트 특01호 = new 특별세트(6,3,2);
특01호.출력("특별세트 01호");
```

이번에는 햄과 카놀라유까지 정상적으로 나옵니다!

출력 결과

```
** 특별세트 01호 내용물 **
일반참치: 6
야채참치: 0
고추참치: 0
햄: 3
카놀라유: 2
```

슈퍼클래스의 메서드를 덮어쓴다는 말이 이해가 되나요? 말이 어려워서 그렇지,
슈퍼클래스의 메서드와 이름이 동일한 메서드를 만든다고 생각하면 쉽습니다.

이름이 비슷해서 혼동되는 오버라이딩과 오버로딩

오버라이딩과 다른 개념인데, 이름이 비슷해서 혼동되는 용어가 하나 있습니다.
바로 **오버로딩**Overloading이라는 개념인데요. 우선 단어 뜻부터 확인해 보겠습니다.

over·load

1. 과적하다
2. 너무 많이 주다[부과하다]
3. (컴퓨터전기 시스템 등에) 과부하가 걸리게 하다

무엇인가를 많이 더한다는 뜻입니다. 즉, 프로그래밍에서 오버로딩은 **같은 이름의 메서드에 다른 변수를 더한 메서드를 만든다**는 의미입니다.

오버로딩은 상속과 관련된 내용이 아니기 때문에, 다시 '참치선물세트' 클래스로 살펴보겠습니다. '참치선물세트' 클래스에 이미 정의되어 있던 void **출력**(String 세트이름)과 별도로 void **출력**()이라는 이름은 같지만 입력 변숫값이 다른 메서드를 추가해 보겠습니다.

참치선물세트.java

```
class 참치선물세트{
// 생략

    void 출력(String 세트이름){
    코딩별.출력("** " + 세트이름 + " 내용물 **");
    코딩별.출력("일반참치:" + this.일반);
    코딩별.출력("야채참치:" + this.야채);
    코딩별.출력("고추참치:" + this.고추);
    }

    void 출력(){
    코딩별.출력("** 내용물 **");
    코딩별.출력("일반참치:" + this.일반);
    코딩별.출력("야채참치:" + this.야채);
    코딩별.출력("고추참치:" + this.고추);
    }
}
```

이미 정의했던 메서드

입력받는 변수가 달라요!

//생략

참치선물세트 참03호 = new 참치선물세트(12,3,3);
참03호.출력(); ∿➔ 변수를 입력받지 않는 두 번째 메서드 사용

** 내용물 **
일반참치: 12
야채참치: 3
고추참치: 3

출력 결과를 보면 세트이름 없이 내용물만 표시되네요. 오버로딩을 그림으로 표현하면 다음과 같습니다. 별도의 메서드가 하나 더 생긴 것이죠.

이제 같은 이름의 메서드를 여러 개 만들 때 왜 오버로딩이라는 단어를 사용하는지 이해가 되나요?

코딩 실습 13   상속하기

실습 방법 [엘리스 코딩] 접속 → [Do it! 첫 코딩] 수업 → [코딩 실습 13] 선택

실습 이번 명절에는 특별히 면도기가 포함된 특별세트를 만들려고 합니다. 특별세트를 만드는 기계를 새로 제작하는 것보다 기존에 사용하던 '세면도구세트' 기계를 변형해 사용하는 게 비용이 덜 들겠죠?

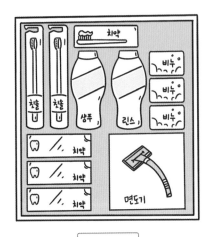

특01호

코드에서는 클래스를 상속받아 사용하면 됩니다. '세면도구세트' 클래스를 상속받아 '특별세트' 클래스를 미리 만들어두었습니다.

특별세트.java

```
package elice;
class 특별세트 extends 세면도구세트{          '세면도구세트' 클래스를
    int 면도기;                              '특별세트' 클래스가 상속받음

    특별세트(int 면도기, int 칫솔, int 치약, int 비누, int 샴푸, int 린스){
        super(칫솔, 치약, 비누, 샴푸, 린스);
        this.면도기 = 면도기;                              생성자
    }
}
```

196

'특별세트' 클래스를 사용해 '특01호' 인스턴스도 만들어두었죠.

```
package elice;
public class 상속하기{
    public static void main(String[] args){

        특별세트 특01호 = new 특별세트(1,2,4,3,1,1);
        특01호.출력하기("명절 특별세트 01호");
    }
}
```

특01호 인스턴스

일단 [실행] 버튼을 눌러보세요.

```
** 명절 특별세트 01호 내용물 **
칫솔: 2
치약: 4
비누: 3
샴푸: 1
린스: 1
```

결과 화면이 무언가 이상하지 않나요? 면도기 값이 출력되지 않았습니다. 그 이유는 칫솔, 치약, 비누, 샴푸, 린스 개수만 화면에 출력하는 '세면도구세트' 클래스의 출력하기() 메서드를 사용했기 때문입니다. '세면도구세트.java' 파일을 클릭해 출력하기() 메서드를 확인해 보세요.

면도기 값까지 화면에 나타내려면 어떻게 해야 할까요? 출력하기() 메서드를 오버라이딩하면
됩니다. 다음과 같이 기존 출력하기() 메서드는 상속받아 사용하고, 면도기 값을 출력하는 코드
를 추가해 보세요.

특별세트.java

```java
package elice;
class 특별세트 extends 세면도구세트{
    int 면도기;

    특별세트(int 면도기, int 칫솔, int 치약, int 비누, int 샴푸, int 린스){
        super(칫솔, 치약, 비누, 샴푸, 린스);
        this.면도기 = 면도기;
    }

    void 출력하기(String 세트이름){          ⟶ 기존 '출력하기' 메서드
        super.출력하기(세트이름);                호출하기
        코딩별.출력("면도기: " + 면도기);
    }                                      ⟶ 면도기 출력까지 포함해
}                                             오버라이딩(덮어쓰기)
```

결과 다시 [실행] 버튼을 눌러보세요. 다음과 같이 면도기 값까지 출력되면 성공입니다!

출력 결과

```
** 명절 특별세트 01호 내용물 **
칫솔: 2
치약: 4
비누: 3
샴푸: 1
린스: 1
면도기: 1
```

여러 클래스를 가족으로 묶기
─ 패키지

패키지 개념 이해하기

클래스가 여러 개 있는 경우, 비슷한 클래스끼리 묶어줄 필요가 있습니다. 예를 들면 아래 그림과 같은 상황입니다. 햄선물세트, 카놀라유선물세트, 참치선물세트 등등 많이 있네요. 서로 다른 제품을 담은 세트지만, 제조사가 같다는 공통점이 있습니다. 회사가 같으니 분명 포장 재료나 디자인도 비슷하겠죠?

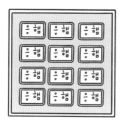 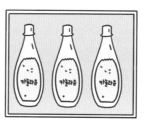 

같은 회사에서 만든 선물세트가 여러 가지인 경우 같은 패키지로 클래스를 묶을 수 있어요!

각 선물세트의 클래스를 만들어보겠습니다.

```
class 햄선물세트{
  ...
}
```

```
class 참치선물세트{
  ...
}
```

```
class 카놀라유선물세트{
  ...
}
```

이렇게 되면, 각 클래스는 서로 남입니다. 서로 모르는 사이인 거죠. 그런데, 같은 회사에서 제조한 것들이니 클래스를 가족과 같이 묶어주면 좋지 않을까요? 잘은 모르지만, 서로 교환해야 하는 공통된 무엇인가가 있을 수도 있습니다. 이렇게 클래스 사이를 묶어주는 것이 바로 **패키지**package라는 개념입니다.

그럼 위의 개별 클래스를 ABC_Company라는 패키지로 묶어보겠습니다.

```
package ABC_Company;
class 햄선물세트{
  ...
}
```

```
package ABC_Company;
class 카놀라유선물세트{
  ...
}
```

```
package ABC_Company;
class 참치선물세트{
  ...
}
```

이렇게 되면, 각 클래스는 붙어 있든 따로 떨어져 있든 상관없이 같은 패키지로 묶이게 됩니다.

패키지의 개념은 프로그램을 배우는 초기 단계에서는 거의 사용할 일이 없습니다. 하지만, 클래스를 사용하게 되면 어디선가는 접하게 될 개념이기 때문에 알아두어야 합니다.

코딩 실습 14 패키지 연습하기

실습 방법 [엘리스 코딩] 접속 → [Do it! 첫 코딩] 수업 → [코딩 실습 14] 선택

실습 여러분은 엘리스에서 이미 패키지를 사용하고 있었습니다. 3개의 파일을 눌러서 소스 코드의 맨 윗줄을 보세요. package라는 단어가 보이나요? 다음 3개의 파일은 같은 패키지로 연결되어 있기 때문에, 서로 클래스 값들이 공유되고 있었습니다. 정말 그런지 한번 실험해 보겠습니다.

상속하기.java

```
package elice;
public class 상속하기{
    public static void main(String[] args){
        // 생략
    }
}
```

세면도구세트.java

```
package elice;
class 세면도구세트{
    // 생략
}
```

특별세트.java

```
package elice;
class 특별세트 extends 세면도구세트{
    // 생략
}
```

'상속하기.java' 파일을 선택한 후, elice를 elice1로 수정해 보세요.

상속하기.java

```
package elice1;
public class 상속하기{
    public static void main(String[] args){
        // 생략
    }
}
```

결과 [실행] 버튼을 눌러보세요. 다음과 같이 알 수 없는 글자들이 나타납니다.

출력 결과

```
상속하기.java:10: error: cannot find symbol
        특별세트 특01호 = new 특별세트(1,2,4,3,1,1);
        ^
  symbol:   class 특별세트
  location: class 상속하기
HelloJava.java:10: error: cannot find symbol
        특별세트 특01호 = new 특별세트(1,2,4,3,1,1);
```

패키지 이름을 수정하니, 다른 파일에 정의하였던 클래스를 찾을 수 없다는 오류 메시지입니다. 여러 파일들이 패키지라는 개념으로 엮여 있다는 게 느껴지지요?

04-8

클래스에 소유권 붙이기
— private, public

접근제어자 개념 이해하기

클래스에도 상속과 패키지 개념이 있다는 것을 배웠습니다. 이처럼 클래스끼리 서로 다양한 조합이 이루어지다 보니, 나의 클래스와 남의 클래스를 구분할 필요가 있어졌습니다. 원시사회에서는 남의 것 내 것 구분 없이 살다가, 문명화가 되면서 내 것과 남의 것을 구분하게 된 것과 비슷한 개념이라고 할까요? 이렇게 소유권을 정의해 주는 수식어를 **접근제어자**Access Modifier라고 합니다. '접근'을 '제어'한다는 의미입니다. Modifier의 원래 뜻을 같이 알아보겠습니다.

modi·fier

1. (형용사·부사와 같은) **수식어**
2. (의미를 한정하는) **한정어**

'수식어'라는 뜻이네요. Access는 접근 또는 접속이란 의미니까, Access Modifier 는 '접근 또는 접속을 의미하는 수식어'라고 이해할 수 있겠네요. 어떤 수식어인 지 한번 알아볼까요?

수식어 종류	단어 의미	실제 의미
public	대중을 위한	아무나 접근 가능
private	개인 소유의	클래스 안에서만 접근 가능 외부에서는 접근 불가능
protected	보호받는	같은 패키지 안에서만 접근 가능 또는 상속을 받은 경우 접근 가능
아무것도 없을 때	-	같은 패키지 안에서만 접근 가능

다소 복잡해 보이지만 아주 단순하게 정리하면, public은 제한 없이 아무나 사용할 수 있고, private은 해당 변수 또는 메서드를 정의한 영역 안에서만 사용할 수 있다는 뜻입니다. 그리고 protected는 패키지 안에서는 자유롭게 사용할 수 있지만 패키지 밖에서는 제한을 둔다는 의미입니다.

실제 코드로 접근제어자 이해하기

좀 더 명확한 이해를 위해서 앞장에서 살펴본 '참치선물세트' 클래스에 public, private 수식어를 추가해 보았습니다.

참치선물세트.java

```java
public class 참치선물세트{
    public int 일반;
    public int 야채;
    public int 고추;                    → 아무나 접근 가능

    참치선물세트(int 일반, int 야채, int 고추){
        this.일반 = 일반;
        this.야채 = 야채;              생성자
        this.고추 = 고추;
    }
                        → 클래스 안에서만 접근 가능
    private void 출력(String 세트이름){
        코딩별.출력("** " + 세트이름 + " 내용물 **");
        코딩별.출력("일반참치:" + this.일반);
        코딩별.출력("야채참치:" + this.야채);          메서드
        코딩별.출력("고추참치:" + this.고추);
    }
}
```

'참치선물세트' 클래스와 클래스 안의 변수들은 아무나 접근할 수 있도록 public
으로 선언하였지만, 출력 메서드는 private으로 선언하였습니다. 이렇게 되면,
실행 코드에서 출력 메서드를 호출할 수 없어서 오류가 발생합니다.

메인.java

```java
//생략

참치선물세트 참03호 = new 참치선물세트(12,3,3);
참03호.출력();        오류 발생!
```

private 변수 사용하는 방법

메서드뿐만 아니라 변수도 private으로 선언할 수 있습니다.

참치선물세트.java

```
public class 참치선물세트{
    private int 일반;
    private int 야채;
    private int 고추;

    // 생성자, 메서드 생략
}
```

이렇게 private으로 선언하면, 사용자가 클래스 안의 변숫값을 임의로 수정할 수 없을뿐더러 접근 자체가 안 되기 때문에 값을 읽을 수도 없습니다. 그럼 영영 값을 읽지도 고치지도 못할까요? 방법이 있습니다. 다음과 같이 public 메서드를 만들면 됩니다.

```
public class 참치선물세트{
    private int 일반;
    private int 야채;
    private int 고추;

    // 생성자, 메서드 생략
```

```
    public void set 일반(int 일반){
        if(일반 < 0){
            일반 = 0;
        }
        this.일반 = 일반;
    }
```

→ private 변수의 값을
수정할 수 있어요!

```
    public int get 일반(){
        return this.일반;
    }
}
```

→ private 변수의 값을
가져올 수 있어요!

변수에 값을 입력하는 메서드는 set으로, 변수의 값을 가지고 오는 메서드는 get
으로 시작하는 것은 일종의 관행입니다. 실제로 이미 만들어진 클래스를 사용하
는 경우 이처럼 변숫값을 수정하기 위해 'set 변수이름', 'get 변수이름' 형태로
된 메서드를 많이 이용합니다.

실습 방법 [엘리스 코딩] 접속 → [Do it! 첫 코딩] 수업 → [코딩 실습 15] 선택

실습 출력하기() 메서드를 아무나 사용하지 못하게 하려고 합니다. 다음과 같이 private 수식어를 추가해 보세요.

특별세트.java

```java
package elice;
class 특별세트 extends 세면도구세트{
    int 면도기;

    특별세트(int 면도기, int 칫솔, int 치약, int 비누, int 샴푸, int 린스){
        super(칫솔, 치약, 비누, 샴푸, 린스);
        this.면도기 = 면도기;
    }                                                      생성자

    private void 출력하기(String 세트이름){
        super.출력하기(세트이름);
        코딩별.출력("면도기: " + 면도기);          메서드
    }
}
```

결과 [실행] 버튼을 눌러보세요. 다음과 같은 오류 메시지가 보이나요?

출력 결과

```
수식어연습하기.java:11: error: 출력(String) has private access in 특별세트
        특01호.출력("명절 특별세트 01호");
          ^
```

메서드가 private으로 선언되었기 때문에 접근할 수 없다는 메시지입니다.

실습 이번에는 private을 다시 public으로 수정해 보세요.

특별세트.java

```java
package elice;
class 특별세트 extends 세면도구세트{
    int 면도기;

    특별세트(int 면도기, int 칫솔, int 치약, int 비누, int 샴푸, int 린스){
        super(칫솔, 치약, 비누, 샴푸, 린스);
        this.면도기 = 면도기;
    }

    public void 출력하기(String 세트이름){
        super.출력하기(세트이름);
        코딩별.출력("면도기: " + 면도기);
    }
}
```

생성자 — 특별세트(int 면도기, int 칫솔, int 치약, int 비누, int 샴푸, int 린스){ ... this.면도기 = 면도기; }

메서드 — public void 출력하기(String 세트이름){ ... 코딩별.출력("면도기: " + 면도기); }

결과 다시 [실행] 버튼을 눌러보세요. 오류 메시지 없이 정상적으로 출력되는 것을 확인할 수 있습니다.

궁금해요! 모든 코드를 암기하고 있어야 하나요?

이쯤이면 '이렇게 많은 기능을 어떻게 다 외우지?'하고 걱정할 수도 있습니다. 하지만 통합 개발 환경(Integrated Development Environment)에서 코딩한다면, 이러한 걱정은 필요 없습니다.

1. 속성

통합 개발 환경에서는 기본적으로 클래스 또는 인스턴스 다음에 점(.)을 찍으면, 해당 클래스의 속성을 드롭다운 메뉴로 보여줍니다. 그리고 각 속성에 대한 간단한 설명까지도 보여줍니다.

2. 클래스

클래스의 생성자 및 클래스와 관련된 다양한 메서드를 자동으로 만들어주는 기능도 있습니다. 예를 들어, 생성자Constructor를 선택한 다음, 아래와 같이 생성자에 필요한 변수를 선택하면, 생성자가 자동으로 만들어집니다.

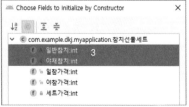

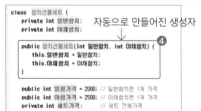

210

3. 자주 쓰는 문장

마지막으로 자주 사용하는 문장을 자동으로 완성해 주는 기능도 있습니다.

```
gameBtn.setOnClickListener(new V
        I    View.OnClickListener{...} (android.view.View)
        ⚡    VerifyError (java.lang)
        ⚡    VirtualMachineError (java.lang)
        ᶜ    Void (java.lang)
        c    View (android.view)
        I    View.OnCreateContextMenuListener (android.view.V
        c    View.AccessibilityDelegate (android.view.View)
```

앞 글자 몇 개만 입력하면, 드롭다운 메뉴에 입력 가능한 코드가 표시되고, 원하는 것을 선택하면
자동으로 완성됩니다.

```
gameBtn.setOnClickListener(new View.OnClickListener() {
    @Override
    public void onClick(View v) {

    }
}
```

이처럼 통합 개발 환경에서 코딩을 하면 손쉽게 코드를 작성할 수 있습니다. 따라서 클래스의 메서
드나 변수를 일일이 외울 필요가 전혀 없습니다. 걱정 마세요!

05

진짜 코딩하려면
여기까지 알아야 해

코딩의 기본기술인 조건문과 반복문,
그리고 클래스에 대해 배웠습니다.
이번 장에서는 한발 더 나아가
자주 사용되는 응용기술을 배워보겠습니다.

05-1

비슷한 변수는 한번에 관리해요
— 배열

학생 100명의 성적을 코드로 작성한다고 생각해 보세요. 한두 명이면 금세 쓰겠
지만 100명이면 너무 많죠? 이렇게 비슷하게 반복되는 변수를 간편하게 표현하
는 방법이 바로 '**배열**Array'입니다.

배열 사용하기

우리가 지금까지 배운 방법으로 학생 5명의 성적을 코드로 나타내면 다음과 같습
니다.

```
int 성적1 = 55;
int 성적2 = 95;
int 성적3 = 80;
int 성적4 = 100;
int 성적5 = 75;
```

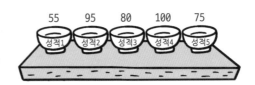

이번엔 배열을 사용해 볼까요?

```
int 성적[] = new int [5];

성적[0] = 55;
성적[1] = 95;
성적[2] = 80;
성적[3] = 100;
성적[4] = 75;
```

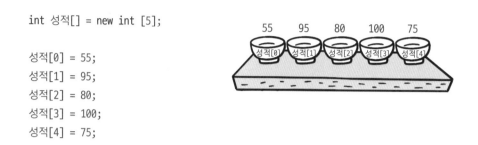

앞 코드에서는 성적1, 성적2가 서로 아무 관련이 없었는데, 배열을 사용하니 '성적'이라는 이름으로 그룹이 지어졌습니다. 그런데 좀 이상합니다. 분명 배열을 사용하면 코드가 간편해진다고 했는데, 오히려 한 줄이 더 늘었네요. 배열은 어떤 장점이 있을까요?

배열로 간단해진 코드

예시를 살짝 바꿔서, 각 성적 값을 외부에서 입력받는 코드를 작성해 보겠습니다. 우선 배열을 사용하지 않은 경우입니다.

```
int 성적1, 성적2, 성적3, 성적4, 성적5;

코딩별.출력("성적1을 입력하세요");
성적1 = 코딩별.정수숫자입력();

코딩별.출력("성적2을 입력하세요");
성적2 = 코딩별.정수숫자입력();

코딩별.출력("성적3을 입력하세요");
성적3 = 코딩별.정수숫자입력();

코딩별.출력("성적4을 입력하세요");
성적4 = 코딩별.정수숫자입력();

코딩별.출력("성적5을 입력하세요");
성적5 = 코딩별.정수숫자입력();
```

배열을 사용하지 않은 경우

코드가 많이 기네요. 만약 학생이 100명으로 늘어나면 어떨까요? 반복해서 코드를 작성하느라 아주 번거로울 겁니다. 배열을 사용하면 어떻게 바뀔까요?

```
int 성적[] = new int [5];              N의 초깃값은 0, N이 5보다 작으면
                                        아래 과정을 실행한 후 N을 1씩 증가시킴
for(int N = 0; N < 5; N++){
    코딩별.출력("성적" + N + "을 입력하세요.");
    성적[N] = 코딩별.정수숫자입력();
}
```

배열을 사용한 경우

와! 긴 코드가 간단해졌네요. 코드 내용을 살펴보면 반복문 for를 사용했다는 걸 알 수 있습니다. 이처럼 같은 형태의 변수를 사용할 땐 배열을 활용하면 코딩이 간단해집니다.

실습 방법 [엘리스 코딩] 접속 → [Do it! 첫 코딩] 수업 → [코딩 실습 16] 선택

문제 숫자 3개를 입력하면 평균값을 구해 주는 프로그램을 만들어보겠습니다. 배열과 반복문을 사용해 코드를 완성해 보세요.

배열.java

```java
package elice;
public class 배열{
    public static void main(String[] args){
        double 숫자[] = new double [3];

        for(int N = 0; N < 3; N++){
            코딩별.출력(N + "번째 숫자를 입력하세요.");
            숫자[N] = 코딩별.숫자입력();
        }
        double 평균 = (숫자[0] + 숫자[1] + 숫자[2])/3;
        코딩별.출력("세 숫자의 평균값은 " + 평균 + "입니다.");
    }
}
```

→ 질문하며 숫자
3개를 입력받음

결과 [실행] 버튼을 누르면 다음과 같은 질문이 나옵니다. 평균값을 구할 숫자 3개 중 하나를 입력합니다.

출력 결과

0번째 숫자를 입력하세요.

두 번째 숫자를 입력합니다.

출력 결과

1번째 숫자를 입력하세요.

이어서 세 번째 숫자를 입력합니다.

그럼 다음과 같이 숫자 3개의 평균값이 나옵니다.

'0번째 숫자' 라는 말이 어색한가요? 아래와 같이 N 대신에 N+1로 코드를 변경해 보세요.

배열.java

```
//생략
for(int N = 0; N < 3; N++){
    코딩별.출력(N+1 + "번째 숫자를 입력하세요.");

    //생략
```

05-2

게임 속 '아무거나'를 코드로 만들기
— 랜덤

음식점에서 뭘 먹을지 고를 때, 누군가가 '아무거나' 선택해 주면 좋겠다는 생각을 할 때가 있습니다. 가끔 입맛에 안 맞는 음식이 걸릴 수도 있겠지만, 여러 음식 중에서 무엇을 먹을지 매번 고민하지 않아도 되니까요. 코딩에서도 '아무거나 골라주기' 기술이 있습니다. 그런데 이런 기술이 왜 필요할까요? 고전 게임인 '팩맨 PACMAN'을 같이 보겠습니다.

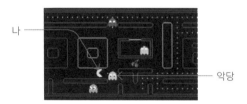

게임 방법은 간단합니다. 입을 벌리고 있는 노란색 동그라미('나')가 유령 모양의 '악당'을 피해서 '점'을 모두 먹으면 됩니다.

그런데 그림을 보니, 파란색 악당이 바로 앞에 있네요.

- 파란색 악당이 나에게 올까요? 아니면,
- 다른 곳으로 갈까요?

이러한 결정을 컴퓨터가 어떻게 내릴까요?

랜덤 숫자 의미 이해하기

'아무거나'를 구현할 때 무작위 수라고 불리는 **랜덤**^{Random} 숫자가 사용됩니다(사실 랜덤 숫자에는 특별한 수학적 알고리즘이 있습니다. 하지만 알고리즘의 원리까지 알 필요는 없습니다). 랜덤 숫자의 특징을 이해하기 위해 MS 엑셀에서 자동으로 랜덤 숫자를 만들어보겠습니다.

MS 엑셀에서 랜덤 숫자를 만드는 명령어인 '=RAND()'를 사용해서 5개의 랜덤 숫자를 만들어보았습니다. 어떻게 보이나요? 각기 다른 소수점 숫자들이 보이네요. 네, 그렇습니다. 보통 랜덤 숫자라고 하면, 0보다 크고 1보다 작은 무작위 숫자를 의미합니다.

1단계 랜덤 숫자로 의사결정하는 방법

여기서 한 가지 궁금증이 생깁니다. 소수점 숫자들로 어떻게 의사결정을 할까요?
예를 들어 위 예시 게임에서 악당 유령이 4가지 방향(위, 아래, 왼쪽, 오른쪽) 중 하
나를 선택해 움직이게 하려면 어떻게 하면 될까요? 아래와 같은 방식으로 소수점
숫자를 가공하면 됩니다.

간단히 말해 랜덤 숫자를 정수로 만든 다음, 어떤 숫자로 나누면 됩니다. 여기서
는 마지막에 4로 나누었지요? 정수 숫자를 4로 나누면 나올 수 있는 나머지는 0,
1, 2, 3입니다. 즉 4가지 경우가 나옵니다. 악당 유령이 선택할 수 있는 4가지 방
향과 동일하죠. 즉, 랜덤 숫자를 이용해 X가지의 가능성 중 하나를 선택하게 하려
면, 랜덤 숫자를 정수로 만든 다음 X로 나누고 그 나머지 값을 사용하면 됩니다.
나머지 값을 자주 사용해서일까요? 일상생활에서 잘 사용하지 않는 산수인데도 불구
하고, 프로그래밍에는 나머지를 구하는 수식이 기본으로 있습니다. 바로 '%'입니다.

```
5 % 4 = 1
// 5를 4로 나누었을 때의 나머지는 1
7 % 5 = 2
// 7을 5로 나누었을 때의 나머지는 2
```

랜덤 숫자 0.554052의 나머지를 구하는 과정을 코딩으로 만들어보겠습니다.

```
double X = 0.554052;  ❶
double 십곱한값 = X * 10;  ❷
int 소수점버림값 = (int) 십곱한값;  ❸
int 나머지값 = 소수점버림값 % 4;  ❹
```

❶ 실수형 변수 X에 0.554052를 저장합니다. ──────── | 0.554052 |

❷ X에 10을 곱한 값을 실수형 변수 '십곱한값'에 저장합니다. ── | 5.54052 |
   코딩에서는 곱셈을 표현할 때 별표시(*)를 사용합니다.

❸ '십곱한값'의 소수점을 버리고, 정수형 변수 '소수점버림값' ── | 5 |
   에 그 값을 저장합니다. 자바에서는 실수형 변수 앞에 (int)라
   고 입력하면 소수점을 버리고 정수형으로 만들어줍니다.

❹ 나머지를 구하는 수식인 %를 사용해서 '소수점버림값'을 ── | 1 |
   4로 나누었을 때 나오는 나머지 값을 '나머지값' 변수에 저장
   합니다.

나머지 값인 0, 1, 2, 3의 각 숫자가 의미하는 바를 다음과 같이 약속하겠습니다.

0: 위, 1: 아래, 2: 왼쪽, 3: 오른쪽

앞서 MS 엑셀에서 만든 랜덤 숫자를 위 수식을 통해 변환한 다음, 각 숫자의 의미
를 대입하면 다음과 같습니다.

랜덤 숫자	변환 숫자	의미
0.554052	1	아래
0.706948	3	오른쪽
0.118312	1	아래
0.662871	2	왼쪽
0.095834	0	위

2단계 자바로 위/아래/왼쪽/오른쪽 랜덤 만들기

랜덤 숫자를 통해 컴퓨터가 결정하는 방법이 이제 이해가 되나요? 그럼 실제 자바에서 랜덤 숫자 만드는 법을 알아보겠습니다.

```
double 랜덤수 = Math.random();
```

너무 쉽나요? Math라는 클래스와 static 메서드인 random()(자바에서 기본으로 제공하는 클래스와 메서드)을 사용하면 됩니다. 그럼 이제 위, 아래, 오른쪽, 왼쪽 동작을 결정할 수 있는 자바 코드를 만들어보겠습니다.

```
double 랜덤수 = Math.random(); ❶
double 십곱한값 = (랜덤수 * 10); ❷
int 버림값 = (int) 십곱한값; ❸
int 나머지 = 버림값 % 4; ❹

if (나머지 == 0){          ❺ //0: 위, 1: 아래, 2: 왼쪽, 3: 오른쪽
    코딩별.출력(" 위");
}else if(나머지 == 1){
    코딩별.출력(" 아래");
}else if(나머지 == 2){
    코딩별.출력(" 왼쪽");
}else if(나머지 == 3){
    코딩별.출력(" 오른쪽");
}
```

게임에서 악당이 움직이는 방향은 이렇게 결정되는구나!

❶ Math.random() 메서드를 사용해서 만든 랜덤 숫자(1보다 작은 소수)를 실수형 변수인 '랜덤수'에 대입합니다.

❷ 만들어진 '랜덤수'에 10을 곱합니다. 그런 다음, 그 값을 변수 '십곱한값'에 대입합니다.

❸ 소수점을 버리고 정수형으로 만든 후, 그 값을 변수 '버림값'에 대입합니다.

❹ 4로 나눈 나머지 값을 정수형 변수 '나머지'에 입력합니다.

❺ 0~3의 정수형 숫자가 하나 나올 텐데, 조건문을 통과해 각 값의 의미를 화면에 출력합니다.

위의 예시 코드는 결괏값을 화면에 출력하는 것으로 끝납니다. 팩맨 게임에 반영하고 싶다면, 악당이 실제로 움직이는 기능을 추가하면 됩니다.

 **코딩 실습 17**   가위바위보 게임하기

실습 방법 [엘리스 코딩] 접속 → [Do it! 첫 코딩] 수업 → [코딩 실습 17] 선택

문제 나는 숫자를 입력하고, 컴퓨터는 랜덤으로 숫자를 고르는 가위바위보 게임을 만들어보 겠습니다. 컴퓨터가 랜덤으로 0, 1, 2 중 하나를 고르는 박스 속 코드를 입력해 보세요.

가위바위보게임.java

```java
package elice;
public class 가위바위보게임{
    public static void main(String[] args){

        코딩별.출력("0, 1, 2 중 하나를 입력하세요(0: 가위, 1: 바위, 2: 보)");
        int 나의선택 = 코딩별.정수숫자입력();
```

> 컴퓨터가 0, 1, 2 중 하나를 랜덤으로 고르는 코드

```java
        double 랜덤수 = Math.random();
        double 십곱한값 = (랜덤수 * 10);
        int 버림값 = (int) 십곱한값;
        int 컴퓨터의선택 = 버림값 % 3;  // 0: 가위, 1: 바위, 2: 보
```

```java
        if (나의선택 == 0){ // 나: 가위
            if (컴퓨터의선택 == 0){ // 컴퓨터: 가위
                코딩별.출력("나: 가위, 컴퓨터: 가위");
                코딩별.출력("무승부입니다.");
            } else if (컴퓨터의선택 == 1){ // 컴퓨터: 바위
                코딩별.출력("나: 가위, 컴퓨터: 바위");
                코딩별.출력("컴퓨터가 이겼습니다.");
            } else if (컴퓨터의선택 == 2){ // 컴퓨터: 보
                코딩별.출력("나: 가위, 컴퓨터: 보");
                코딩별.출력("당신이 이겼습니다.");
            }
```

> 내가 가위를 냈을 때 결과

225

```
        } else if (나의선택 == 1){ // 나: 바위
            if (컴퓨터의선택 == 0){ // 컴퓨터: 가위
                코딩별.출력("나: 바위, 컴퓨터: 가위");
                코딩별.출력("당신이 이겼습니다.");
            } else if (컴퓨터의선택 == 1){ // 컴퓨터: 바위
                코딩별.출력("나: 바위, 컴퓨터: 바위");
                코딩별.출력("무승부입니다.");
            } else if (컴퓨터의선택 == 2){ // 컴퓨터: 보
                코딩별.출력("나: 바위, 컴퓨터: 보");
                코딩별.출력("컴퓨터가 이겼습니다.");
            }
        } else if (나의선택 == 2){ // 나: 보
            if (컴퓨터의선택 == 0){ // 컴퓨터: 가위
                코딩별.출력("나: 보, 컴퓨터: 가위");
                코딩별.출력("컴퓨터가 이겼습니다.");
            } else if (컴퓨터의선택 == 1){ // 컴퓨터: 바위
                코딩별.출력("나: 보, 컴퓨터: 바위");
                코딩별.출력("당신이 이겼습니다.");
            } else if (컴퓨터의선택 == 2){ // 컴퓨터: 보
                코딩별.출력("나: 보, 컴퓨터: 보");
                코딩별.출력("무승부입니다.");
            }
        }
    }
}
```

내가 바위를 냈을 때 결과

내가 보를 냈을 때 결과

결과 [실행] 버튼을 누르면 다음과 같은 질문이 나옵니다. 가위, 바위, 보 중 무엇을 낼지 선택해서 입력해 보세요.

출력 결과

0, 1, 2 중 하나를 입력하세요(0: 가위, 1: 바위, 2: 보)

0을 입력했다면 다음과 같은 결과가 랜덤으로 나타납니다.

나: 가위, 컴퓨터: 가위
무승부입니다.

또는

나: 가위, 컴퓨터: 바위
컴퓨터가 이겼습니다.

또는

나: 가위, 컴퓨터: 보
당신이 이겼습니다.

다시 [실행] 버튼을 눌러서 다른 숫자로도 가위바위보 게임을 해보세요. 컴퓨터의 결정이 계속 변경되는 것을 확인할 수 있습니다.

05-3

서커스 곡예의 그물망
— 예외처리

예외처리 이해하기

서커스를 본 적이 있나요? 아래 그림은 서커스에서 볼 수 있는 곡예넘기입니다. 아찔한 높이에서 공중곡예를 하는 곡예사들을 보고 있으면 저절로 손에 땀이 납니다.

그물망이 필요한 곡예넘기

이런 아찔한 곡예는 꼭 바닥에 그물망을 치고 합니다. 혹시 실수로 곡예사가 떨어질 경우를 대비한 안전장치죠. 그럼 아래 그림은 어떤가요?

그물망이 필요 없는 묘기

똑같이 묘기이긴 하지만 그렇게 위험해 보이지 않습니다. 바닥에 굳이 그물망을 칠 필요도 없을 것 같네요.

프로그래밍에도 위험도에 따라 그물망이 존재한다면 믿어지나요? 이름도 '도전 – 실수하면 - (그물망으로) 잡아'라는 뜻으로 try ~ catch입니다.

try ~ catch문은 프로그래밍에서 **간혹 예외적으로 발생할 수 있는 오류를 처리하는 구문으로 예외**Exception**처리라고 합니다.** 위험한 곡예를 할 때 그물망을 쳐서 곡예사를 보호하는 것처럼, 실수가 나올 수 있는 명령어를 사용할 때 반드시 예외 처리를 해야 합니다.

1단계 예외처리가 필요한 상황

실제 예를 들어보겠습니다. 아래 Integer.parseInt 명령어는 '1245'와 같은 문자열을 정수형 숫자로 바꿔주는 Integer 클래스의 static 메서드(자바에서 기본으로 제공하는 클래스와 메서드)입니다.

```
String 숫자같은문자 = "1245";
int 정수숫자 = Integer.parseInt(숫자같은문자);
```

위 명령어의 결과로 변수 '정수숫자'는 '1245'라는 값을 가지게 됩니다. 그런데 만약 아래와 같이 입력되었다면 어떻게 될까요?

```
String 숫자같은문자 = "홍길동";
int 정수숫자 = Integer.parseInt(숫자같은문자);
```

'홍길동'은 정수형으로 변환할 수 없는 문자열이기 때문에, 오류가 발생합니다. 이처럼 오류가 발생할 수 있는 상황에서는 코드에 그물망을 쳐주어 오류 상황에 대처해야 합니다.

2단계 코드에 오류 수집 그물망 치기

그물망은 아래와 같이 칩니다.

```
try{
    String 숫자같은문자 = "홍길동";
    int 정수숫자 = Integer.parseInt(숫자같은문자);
}catch(Exception e){
    // 오류 발생 시 실행
}
```

정말 그물망을 치는 것처럼 오류가 발생할 만한 문장을 try { } catch 구문으로 감쌌습니다. 만약 오류가 발생하면, 시스템에서는 문자열로 된 오류 메시지를 만들어냅니다. 이 오류 메시지를 Exception(예외)이라고 하는데, 아래 코드에서 Exception e라는 부분이 실제로 오류가 발생했을 때 시스템에서 알려주는 '오류 메시지'입니다. 실제로 오류 메시지를 나타내는 코드는 다음과 같이 완성할 수 있습니다.

```
package elice;
public class 예외처리{
  public static void main(String[] args){

    try{
      String 숫자같은문자 = "홍길동";
      int 정수형숫자 = Integer.parseInt(숫자같은문자);
    }catch(Exception e){
      코딩별.출력("오류가 발생했습니다.");
      코딩별.출력("오류 메시지: " + e);
    }                                        → 문자열로 된 오류 메시지
  }
}
```

실행하면 다음과 같이 오류 메시지가 나타납니다.

출력 결과

오류가 발생했습니다.
오류 메시지: java.lang.NumberFormatException: For input string: "홍길동"
         입력된 문자열 변수 "홍길동"에서 예외가 발생했습니다.

예외처리의 장점

만약 시스템에서 오류가 발생했는데, 이를 받아서 처리하는 try ~ catch 문이 없으면, 프로그램은 비정상적으로 종료됩니다. 예를 들어 안드로이드폰에서는 예외처리를 한 경우와 하지 않은 경우, 각각 다음과 같이 나타납니다.

예외처리 없이 오류가 발생해 강제로 종료된 화면

예외처리를 한 오류 화면

둘 다 오류가 발생했을 때의 화면이지만 try ~ catch로 오류 상황에 대비해 두었다면, 프로그램이 무조건 종료되는 현상을 방지할 수 있습니다. 더 나아가 오른쪽 그림과 같은 메시지를 띄우면, 개발자가 예상 못했던 각종 오류를 사용자가 개발자에게 보내줄 수도 있습니다.

어떤 기종, 어떤 환경 조건에서 여러분이 만든 프로그램이 돌아갈지 누구도 예상할 수 없습니다. 따라서 예외처리를 잘해서 프로그래밍하면, 사용자 입장에서는 프로그램에 대한 신뢰도가 높아지고, 개발자 입장에서도 프로그램 오류를 수정하는 데 많은 도움이 됩니다.

실습 방법 [엘리스 코딩] 접속 → [Do it! 첫 코딩] 수업 → [코딩 실습 18] 선택

문제 "숫자를 입력하세요."라는 메시지를 띄운 후, 숫자가 아닌 것을 입력하면 "입력한 값은 숫자가 아닙니다."라는 오류 메시지가 나타나도록 코드를 완성해 보세요. 오류가 발생했을 때 메시지를 띄워야 하니 try ~ catch문을 사용해야겠죠?

예외처리.java

```java
package elice;
public class 예외처리{
    public static void main(String[] args){
        boolean 입력전 = true;
        double 숫자;
        while (입력전 == true){
            try{
                코딩별.출력("숫자를 입력하세요.");
                String 문자형숫자 = 코딩별.문자열입력();
                숫자 = Double.parseDouble(문자형숫자);

                입력전 = false; // 숫자 입력이 끝남.
                코딩별.출력("숫자 입력이 완료되었습니다." + 숫자);
            }catch (Exception e){
                코딩별.출력("입력한 값은 숫자가 아닙니다.");
            }
        }
    }
}
```

오류가 발생하면
catch 구문으로
바로 이동

233

결과 [실행] 버튼을 누르면 다음과 같은 질문이 나옵니다.

> **출력 결과**
>
> 숫자를 입력하세요.

입력 칸에 '가나다'를 입력해 보세요. 그럼 숫자가 아니라는 메시지와 함께 다시 입력하게 합니다.

> **출력 결과**
>
> 입력한 값은 숫자가 아닙니다.
> 숫자를 입력하세요.

이번엔 숫자를 입력하고 Enter를 눌러보세요. 다음과 같이 메시지와 함께 입력한 숫자가 나타납니다.

> **출력 결과**
>
> 숫자 입력이 완료되었습니다. 12340.0

오류가 발생했을 때 나타나는 메시지를 자유롭게 바꿔보세요.

05-4

일부러 프로그램 잠재우기
― sleep

혹시 어떤 가게에 들어가려다가, (어떠한 이유로든) 밖에서 마냥 서성인 적이 있지 않나요? 그냥 지금 행동하면 되는데, 의도적으로 시간을 지연해서 늦게 시작한 경우는 없었나요?

살다 보면 가끔은 일부러 늦게 하는 경우가 있습니다. 컴퓨터도 이렇게 일부러 늦게 처리하는 경우가 있습니다. 컴퓨터의 생명은 속도라고 했는데 일부러 늦게 처리한다니, 이상한가요?

1단계 Sleep이 필요한 순간

다음 경우를 같이 살펴보겠습니다. 아래는 구구단 메시지를 만드는 반복문입니다.

```
String 구구단한단 = "";

for(int 앞수 = 1; 앞수 <= 9; 앞수++){
  for(int 뒷수 = 1; 뒷수 <= 9; 뒷수++){
    구구단한단 += 앞수 + " x " + 뒷수  + " = " + (앞수*뒷수) + "\n";
  }

  코딩별.출력(구구단한단);
  구구단한단 = "";
}
```

출력 결과
1 x 1 = 1
1 x 2 = 2
1 x 3 = 3
1 x 4 = 4
1 x 5 = 5
1 x 6 = 6
1 x 7 = 7
1 x 8 = 8
1 x 9 = 9

구구단 1단이 모두 나타나면, 문자열은 **구구단한단** = ""; 명령에 따라 초기화되고, '앞수'가 2인 상태에서 다시 순환하게 됩니다. 이런 식으로 숫자별로 구구단이 화면에 출력됩니다. 그런데 구구단을 천천히 보면서 외우고 싶은데, 너무 빠른 속도로 구구단이 나타났다가 사라져 버립니다. 컴퓨터의 생명은 속도이기 때문이죠.

2단계 Sleep 코드 작성하기

이럴 때 사용하는 것이 컴퓨터 잠재우기 명령인 'sleep()' 명령어입니다. (sleep과 비슷한 개념으로 delay를 사용하는 경우도 있습니다. 또한 sleep의 정확한 자바 명령어는 Thread.sleep()입니다. Thread에 대해서는 뒤에서 배울 예정이니, 여기서는 sleep()에만 주목해 주세요.)

컴퓨터를 잠재우는, 더 정확히 말하면 현재 실행되고 있는 프로그램을 잠재우는 코드를 같이 보겠습니다.

```
String 구구단한단 = "";

for(int 앞수 = 1; 앞수 <= 9; 앞수++){
  for(int 뒷수 = 1; 뒷수 <= 9; 뒷수++){
    구구단한단 = 앞수 + " x " + 뒷수 + " = " + (앞수*뒷수) + "\n";
  }

  코딩별.출력(구구단한단);
  구구단한단 = "";

  try{
    Thread.sleep(1000); // 1초간 정지
  }catch(Exception e){
  }
}
```

안쪽 반복문을 통해 구구단이 완성되면 화면에 보여주고, Thread.sleep 명령어를 사용해서 컴퓨터를 잠시 멈춥니다. 그런데 단위가 좀 이상합니다. 1초간 정지라고 코멘트에 표시되어 있는데, 1 대신에 1000이 입력되어 있네요? 컴퓨터는 기본적으로 계산 속도가 굉장히 빠르기 때문에 시간의 기본 단위를 보통 밀리세컨드millisecond, ms(1/1000초)를 사용합니다. 즉, 1초를 표현하기 위해서는 '1000밀리세컨드'라고 표현해야 합니다.

프로그램을 잠재울 때 예외처리는 필수!

그다음 줄에 앞에서 배운 예외처리문이 사용되었네요. 자바에서는 sleep과 같이 강제로 프로그램의 동작을 멈추는 경우, 예외적인 상황이 발생할 가능성이 많기 때문에 예외처리를 의무화하고 있습니다. 실제로 코딩할 때 예외처리를 안 하면 다음과 같이 오류 메시지가 나타납니다. 예외처리를 꼭 해야 하는 문장인데, 하지 않아서 오류가 발생했다는 내용입니다.

출력 결과

```
슬립.java:17: error: unreported exception InterruptedException; must be
                caught or declared to be thrown
        예외(Exception)가 발생하는 명령어는 반드시 catch를 해야 합니다.
        Thread.sleep(1000);
```

이번 장에서는 일부러 컴퓨터의 처리 속도를 늦추는 경우가 실제로 있고, 자바에서는 그 명령어가 Thread.sleep()이고, 이 명령어는 예외처리를 해주어야 한다는 것을 기억해 두세요.

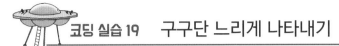

실습 방법 [엘리스 코딩] 접속 → [Do it! 첫 코딩] 수업 → [코딩 실습 19] 선택

실습 구구단을 화면에 출력하는 코드를 작성해 두었습니다. [실행] 버튼을 눌러보세요. 1단
부터 9단까지 쏜살같이 구구단이 출력되었는데, 보았나요?

잠재우기.java

```
package elice;
public class 잠재우기{
    public static void main(String[] args){
        String 구구단한단 = "";

        for(int 앞수 = 1; 앞수 <= 9; 앞수++){
            for(int 뒷수 = 1; 뒷수 <= 9; 뒷수++){
                구구단한단 = 구구단한단 + 앞수 + " x " + 뒷수 + " = " + (앞수*뒷수) + "\n";
            }

            코딩별.출력(구구단한단);
            구구단한단 = "";
        }
    }
}
```

구구단을 1단씩 보기 위해 단마다 1초씩 잠을 재워보겠습니다. 다음 코드를 추가해 주세요.

잠재우기.java

```
// 생략
        for(int 앞수 = 1; 앞수 <= 9; 앞수++){
          for(int 뒷수 = 1; 뒷수 <= 9; 뒷수++){
            구구단한단 = 구구단한단 + 앞수 + " x " + 뒷수 + " = " + (앞수*뒷수) + "\n";
          }

          코딩별.출력(구구단한단);
          구구단한단 = "";

          try{
            Thread.sleep(1000);
          }catch (Exception e){
          }
        }
      }
    }
```

결과 다시 [실행] 버튼을 눌러보세요. 단마다 1초씩 멈췄다 출력된다면 성공입니다!

05-5

한 번에 여러 가지 하는 척
― 스레드

Thread 개념 이해하기

이번 장은 영어 공부부터 하겠습니다.

thread

1. **실**
   a needle and thread
   실을 꿴 바늘
2. (이야기 등의) **가닥[맥락]**
3. (실같이 가느다란) **줄기[가닥]**

스레드라는 단어는 '실'을 의미합니다. 아마도 아래와 같이 생긴 실을 얘기하는 것이겠죠?

프로그래밍 용어로 스레드라는 단어를 사용하기 시작한 분이 아마도 컴퓨터의 처리가 긴 실타래처럼 순서대로 하나하나 진행된다고 생각했던 것 같습니다. 위의 그림을 영어로 표현하면,

A thread(하나의 실)

입니다. 그럼 이제, thread의 복수형인 threads(여러 실들)를 생각해 볼까요? 실을 여러 가닥으로 자르면, threads가 되겠죠? 마찬가지로 코딩에서도 긴 실을 조각조각 나눠서 따로 사용할 수 있게 했는데, 그 행위를 스레딩이라고 합니다.

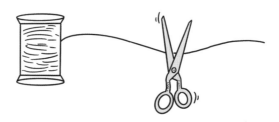

코딩에서 스레딩하는 이유

지금 가영이 앞에 꼬치처럼 실에 꿰인 핫도그, 피자, 햄버거가 있습니다. 가영이가 이 3가지 음식을 먹는 방법을 생각해 보겠습니다.

우선 햄버거, 피자, 핫도그를 실에 꿰인 순서대로 하나씩 먹는 방법이 있습니다.

맛있겠네요. 그런데 가영이에게 한 가지 문제가 발생했습니다. 햄버거를 맛있게
먹다 보니 피자랑 핫도그가 다 식어버려서 맛이 없어진 것입니다! 그래서 고민을
합니다. '어떻게 3가지 음식을 식기 전에 다 맛볼 수 있을까?' 하고요. 가영이는
다음과 같이 실을 잘라서 핫도그 한 입, 피자 한 입, 햄버거 한 입을 먹기로 하였
습니다. 그럼 모든 음식을 식기 전에 맛볼 수 있겠지요?

코딩에서도 이와 비슷하게 번갈아 코드를 처리해야 하는 상황이 있습니다. 이럴
때 하나의 실을 쪼개서 프로그래밍하는 스레딩을 사용합니다.

스레딩을 통해 할 수 있는 일

실제로 코딩에서 일어나는 일을 예로 들어보겠습니다.

선화, 두현, 재민이 사방팔방 움직이고 있네요. 컴퓨터 입장에서 생각해 보겠습니다. 선화가 오른쪽으로 가는 동안, 재민은 왼쪽으로 가고, 두현은 점프하는 동작을 동시에 어떻게 구현할 수 있을까요?

컴퓨터에 명령이 내려지는 순서가 하나의 실에서 차례차례 순서대로 이루어진다면, 먼저 두현이 점프하고, 그다음에 재민이 이동하고, 그리고 선화가 이동을 하게 됩니다.

그런데 우리는 동시에 움직이는 것을 원하죠. 이런 경우에 스레딩을 사용합니다. 즉, 하나의 실로 죽 이어져 있는 선화, 두현, 재민을 각각 별도의 스레드로 만들면 됩니다. 실을 끊어서 3개의 가닥으로 만드는 것이죠. 그리고 각 스레드를 따로따로 움직이게 하면 됩니다.

이렇게 스레드를 따로 만들면 컴퓨터는 선화, 두현, 재민을 한 번씩 번갈아 가면서 움직이게 합니다. 앞서 핫도그, 피자, 햄버거를 한 입씩 번갈아 먹었던 것처럼요. 컴퓨터의 최대 장점인 엄청나게 빠른 속도로 번갈아 이동하기 때문에, 사람의 눈에는 선화, 두현, 재민이 '동시에 움직이는 것처럼' 보입니다. 이러한 방식을 멀티스레딩이라고 합니다. **멀티스레딩** 개념에서 핵심은 컴퓨터가 업무를 '동시'에 하는 것이 아니라 여러 가지 업무를 '번갈아' 가며 하는데, 우리 눈에는 마치 동시에 하는 것처럼 보인다는 것입니다.

실제 코드에서 멀티스레딩 활용하기

실제 코딩에서 스레드를 사용하는 방법을 알아보기 위해서, 스레드를 사용하지 않은 예시를 먼저 보겠습니다.

우선 '숫자세기'라는 이름으로 클래스를 하나 만들고, 그 안에 0부터 4까지 화면에 출력하는 '셈하기'라는 메서드를 만들었습니다.

숫자세기.java

```
public class 숫자세기{
    String 나의이름; // 인스턴스 이름을 저장할 문자열 변수

    숫자세기(String 나의이름){
        this.나의이름 = 나의이름;
    }

    public void 셈하기(){
        for(int N = 0; N < 5; N++){
            코딩별.출력(나의이름 + N);
        }
    }
}
```

스레드를 사용하지 않은 경우

이제 실행 코드에서 아래와 같이 '숫자세기' 클래스의 인스턴스 2개를 생성한 다음 '셈하기()'를 실행해 보겠습니다.

메인.java

```
public class 메인{
    public static void main(String[] args){

        숫자세기 첫번째 = new 숫자세기("첫번째");  ┐
        숫자세기 두번째 = new 숫자세기("두번째");  ┘ 인스턴스 생성

        첫번째.셈하기();  ┐
        두번째.셈하기();  ┘ 메서드 실행
    }
}
```

246

화면에 어떻게 출력될까요? 같이 보겠습니다.

너무 당연한 결과라고 생각되나요? 클래스가 숫자를 출력하는 명령이 아닌, 앞서 예로 든 사람이 움직이는 명령이라고 가정한다면, 한 사람 움직임이 끝난 다음에 다음 사람이 움직인다는 이야기입니다. 이제 좀 답답하게 느껴지나요?

자, 이제 스레드를 사용해 보겠습니다. 자바를 포함한 대부분의 프로그래밍 언어에서는 복잡한 개념의 스레드를 간단하게 사용할 수 있게 스레드 클래스를 제공합니다. 이미 만들어진 스레드 클래스인 Thread를 간편하게 상속받기만 하면, 내가 만든 클래스가 스레드 기능을 가지게 되죠.

```
public class 숫자세기 extends Thread{        →  Thread 클래스 상속받기
    String 나의이름;

    숫자세기(String 나의이름){
        this.나의이름 = 나의이름;
    }
                              →  메서드 이름 변경
    public void run(){
        for(int N = 0; N < 5; N++){
            코딩별.출력(나의이름 + N);
        }
    }
}
```

스레드를 사용한 경우

```
public class 메인{
    public static void main(String[] args){

        숫자세기 첫번째 = new 숫자세기("첫번째");
        숫자세기 두번째 = new 숫자세기("두번째");

        첫번째.start();       →  호출하는 이름 변경
        두번째.start();
    }
}
```

딱 세 군데를 수정했습니다. 먼저 '숫자세기' 클래스에서 Thread라는 클래스를
상속받았습니다. 그리고 숫자를 세는 클래스의 메서드 이름을 '셈하기'에서 'run'

으로 변경했습니다. 마지막으로 실행 코드에서 '셈하기' 메서드를 호출하는 대신에 'start'를 호출했습니다. 그럼 다시 실행해 볼까요?

출력 결과

첫번째0
두번째0
두번째1
첫번째1
두번째2
첫번째2
첫번째3
두번째3
두번째4
첫번째4

이번엔 숫자가
섞여서 나오네!

'첫번째', '두번째' 인스턴스의 실행 순서가 섞이기 시작했네요. 한번 더 실행해 보겠습니다.

출력 결과

첫번째0
두번째0
첫번째1
두번째1
두번째2
첫번째2
두번째3
두번째4
첫번째3
첫번째4

순서가 또 변경되었죠? 상속받은 Thread 클래스는 start() 메서드를 실행하면, 클래스의 메서드 중 run() 메서드를 찾아 실행하도록 코딩되어 있습니다. 이때 run() 메서드를 단순히 실행하지 않고 스레딩한 후 실행합니다.

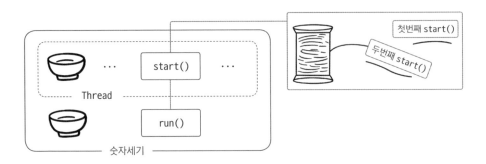

그래서 위의 예시에서도 첫 번째 인스턴스의 run() 메서드와 두 번째 인스턴스의 run() 메서드가 순서에 상관없이 각자 힘껏 실행되어, 화면에 섞여서 출력됩니다.

스레드의 개념이 이해가 되었나요? 자바에서는 위의 방법 외에 다른 방법으로도 스레드를 만들 수 있습니다. 우리는 스레드가 필요한 이유와 어떻게 사용되는지 만 알면 됩니다.

 궁금해요! 멀티스레딩은 멀티태스킹이랑 다른가요?

멀티스레딩과 멀티태스킹Multi-Tasking이 같은 의미냐고요? 간혹 혼용해서 사용하기도 하지만, 정확한 의미는 다릅니다. 멀티태스킹은 여러 앱을 동시에 돌리는 것을 의미하고, 멀티스레딩은 하나의 앱 안에서 여러 가지 작업이 동시에 진행되는 것을 의미합니다.

쉬운 예로 컴퓨터에서 인터넷을 보고, 카톡을 하고, 음악을 듣는 것과 같이 서로 다른 앱을 동시에 동작시키는 것은 멀티태스킹이라고 하고, 인터넷을 할 때 여러 사이트를 동시에 열어놓고 보는 것은 인터넷 앱의 멀티스레딩이라고 할 수 있습니다.

실습 별표시로 달리기 경주하는 코드를 미리 작성해 두었습니다. 아무것도 수정하지 말고 [실행] 버튼을 눌러보세요.

출력 결과

```
수호: *
수호: **
수호: ***
수호: ****
수호: *****
세훈: *
세훈: **
세훈: ***
세훈: ****
세훈: *****
```

수호와 세훈이 달리기 경주하는 모습이 별표시로 나타납니다. 그런데 두 사람이 동시에 뛰지 않아서 공정해 보이지 않네요! 스레드를 이용해 동시에 달리게 해보겠습니다.

먼저 '오른쪽으로달리기.java' 파일에서 Thread 클래스를 상속받고, 달리기() 메서드 이름을 run()으로 바꾸세요.

오른쪽으로달리기.java

```java
package elice;                          → 스레드 상속받기
public class 오른쪽으로달리기 extends Thread{
    String 나의이름; // 인스턴스의 이름을 저장하는 변수
    String 이동거리; // 별표시의 개수로 이동한 거리를 표시하는 변수

    오른쪽으로달리기(String 나의이름){ // 생성자
        this.나의이름 = 나의이름;
```

```
        이동거리 = 나의이름 + ": " ; // 이동거리에 인스턴스의 이름을 표시함.
    }
                      ┌───→ '달리기'를 run으로 메서드 이름 변경
    public void │run(){│
        for(int N = 0; N < 5; N++){ // 0에서부터 4까지 5회 반복
            이동거리 = 이동거리 + "*"; // 반복문이 돌 때마다 * 표시를 한 칸씩 늘려줌.
            코딩별.출력(이동거리);      // 이동거리를 화면에 출력함.
        }
    }
}
```

'스레드.java' 파일에서는 달리기() 메서드를 start()로 바꾸세요.

스레드.java

```
package elice;
public class 스레드{
    public static void main(String[] args){

        오른쪽으로달리기 수호 = new 오른쪽으로달리기("수호");
        오른쪽으로달리기 세훈 = new 오른쪽으로달리기("세훈");

        ┌─────────────┐
        │ 수호.start(); │ ──→ '달리기'를 start로 메서드 이름 변경
        │ 세훈.start(); │
        └─────────────┘
    }
}
```

다시 [실행] 버튼을 눌러보세요. 이번엔 수호와 세훈이 동시에 달리기 경주를 해 엎치락뒤치락하는 결과가 나옵니다.

출력 결과

```
수호: *
수호: **
세훈: *
세훈: **
세훈: ***
세훈: ****
수호: ***
수호: ****
수호: *****
세훈: *****
```

여러 번 [실행] 버튼을 눌러보세요. 경주가 매번 바뀌면서 결과가 달라지는 것을 확인할 수 있습니다. 스레드를 사용하면 각 인스턴스마다 있는 힘껏 실행하기 때문에 그때그때 결과가 다르게 나옵니다.

05-6

데이터베이스의 기본
— SQL

데이터베이스^{Database}라고 부르는 자료 저장 방식을 간략하게 살펴보겠습니다. 만약 메모 앱에서 작성한 메모를 컴퓨터에 기억시키려면, 작성한 메모 내용이 어딘가에 저장되어야 합니다. 이런 정보들은 어디에 어떻게 저장될까요?

1단계 자료를 저장하는 원시적인 방법

가장 간단한 방법은 내가 작업한 내용을 파일로 만들어서 저장하는 것입니다. 만약 내가 저장하고자 하는 정보가 일기라면, 매일매일 파일이 하나씩 만들어집니다. 그럼 1년에 365개의 파일이 생기고, 5년이 지나면 1,825개의 파일이 생깁니다.

비효율적으로 느껴지나요? 파일 개수가 너무 많아지는 게 싫다면, 하나의 파일 안에 365개의 일기를 저장할 수도 있습니다. 일종의 데이터베이스 파일이죠. 아마도 아래와 같이 저장될 것입니다.

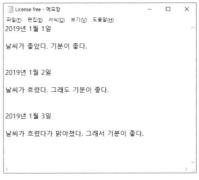

하나의 파일 안에 저장된 일기

그런데 이렇게 저장하면 두 가지 문제가 있습니다.

첫째, 모든 자료가 한 파일 안에 있기 때문에 원하는 정보를 찾기가 어렵습니다.

둘째, 누군가 이 파일만 쏙 훔쳐가면 나의 소중한 일기를 전부 읽어볼 수 있습니다. 즉, 보안에 취약합니다.

2단계 관계형 데이터베이스의 등장

초기 프로그램 개발자들은 이 문제를 어떻게 보완할지 많은 생각을 했습니다. 그래서 현재까지 많이 사용되고 있는 **관계형 데이터베이스**Relational Database, RDB를 떠올리죠.

관계형 데이터베이스란, 말이 조금 어려워서 그렇지 '**표로 저장하는 체계**'라고 이해하면 됩니다. '표'라고 해도 언뜻 머릿속에 안 떠오르나요? 모두에게 익숙한 학교 시간표를 예로 들어보겠습니다.

차시	시간	월	화	수	목	금
1	09:00~09:40	체육	음악	국어	국어	영어
2	09:50~10:30	국어	과학	수학	과학	국어
3	10:40~11:20	수학	국어	사회	체육	수학
4	11:30~12:10	도덕	사회	음악	영어	과학
5	13:00~13:40	미술	영어	영어	실과	체육
6	13:50~14:30	미술			실과	사회

시간표의 가장 윗줄을 보면, 각 열에 적힌 값들의 특징이 적혀 있습니다. 즉, 첫 번째 열은 '차시'이기 때문에 1, 2, 3, 4, 5, 6과 같은 정수를 적어두었습니다. 두 번째 열은 '시간'이기 때문에 차시별 시간을 적어놓았습니다. 세 번째 열은 월요일에 수업할 과목들을 적어놓기 위해 '월'이라고 표현을 했네요. 종합하면 가장 윗줄은 각 열의 '이름'이라고 말할 수 있습니다.

위의 예시는 초등학교 시간표인데, 만약에 고등학교 시간표라면 무엇이 바뀔까요? 가장 윗줄인 '이름'은 변경되지 않고, 각 열의 값들이 변경됩니다. 아무래도 고등학교는 과목도 많아지고 과목당 수업 시간도 길어지겠죠.

↱ ○○초등학교 5학년 2반 시간표

차시	시간	월	화	수	목	금
1	09:00~09:40	체육	음악	국어	국어	영어
2	09:50~10:30	국어	과학	수학	과학	국어
3	10:					
4	11:					
5	13:					
6	13:					

차시	시간	월	화	수	목	금
1	09:00~09:50	수학	음악	영어	국어	영어
2	10:00~10:50	영어	국어	화학	영어	수학
3	11:00~11:50	한자	영어	체육	수학	국사
4	13:00~13:50	세계사	수학	수학	물리	화학
5	14:00~14:50	국어	국사	물리	화학	국어
6	15:00~15:50	미술	화학	국어	실과	세계사
7	16:00~16:50	물리		국사	국사	

↳ ○○고등학교 1학년 3반 시간표

256

바로 이렇게 각 열의 '이름'을 정해 놓고, 표 안의 값을 계속 수정할 수 있게 구성한 데이터베이스가 관계형 데이터베이스입니다. 즉, 관계형 데이터베이스는 다음과 같이 표 형태로 자료를 저장할 '틀'을 만들어놓고, 정해진 형태에 맞게 자료를 저장하는 저장 방식을 말합니다.

시간표 테이블 구조

열 이름	차시	시간	월	화	수	목	금
자료 형태	int	String	String	String	String	String	String

먼저 왼쪽에서 오른쪽으로 이어지는 칸의 크기(이것도 일종의 메모리 그릇이라고 할 수 있습니다)를 정해 놓고, 다음으로 각 칸의 이름을 정한 다음, 필요에 따라 값을 저장하면 됩니다.

3단계 데이터베이스와 대화하는 표준 언어, SQL

지금까지 자료를 구조적으로 저장하는 방식을 알아보았습니다. 그럼 이제 자료를 어떻게 찾을지를 생각해 보겠습니다.

관계형 데이터베이스가 유행하기 시작한 1960년대에 다양한 데이터베이스 전문 프로그램들이 등장했습니다. 당연히 데이터베이스를 만든 회사마다 자신들의 데이터베이스가 자료를 더 빨리 찾고, 데이터 오류 없이 저장한다고 자랑을 했겠죠? 그러다 보니 서로 다른 데이터베이스 간에 호환이 되지 않는 문제가 생겼습니다.

그래서 데이터베이스와 대화하는 방법을 약속으로 정했습니다. 역시 미국에서 먼저 시작했는데요. 1970년대 IBM에서 사용했던 데이터베이스와 대화하는 법이 미국 표준으로 선정되었고, 이후 국제 표준으로도 만들어졌습니다. 이 '데이터베이스와 대화하는' 표준 약속이 SQL('시퀄' 또는 그냥 '에스큐엘'이라고 읽습니다)입니다. SQL의 원래 단어는 Structured Query Language로, 구조화된 질문 언어입니다.

어떻게 질문하는지 알아볼까요? 앞에서 본 ○○고등학교 1학년 3반 시간표에서 4교시 월요일 과목을 한번 찾아보겠습니다.

```
선택하기: [월]
어디서: [00고등학교 1학년 3반]
어떤 조건: [차시] = 4
```

'○○고등학교 1학년 3반'이라는 테이블에서(하나의 표를 테이블이라고 표현합니다), '월' 열에 기재된 자료를 찾는데, 이때 '차시'가 4인 자료를 찾아오라는 명령입니다. 영어 명령으로 바꾸면 다음과 같습니다.

```
SELECT [월]
FROM [00고등학교 1학년 3반]
WHERE [차시] = 4
```

여기서 WHERE는 우리에게 익숙한 '어디에'가 아니라 '어떤 조건'이라는 의미로 사용됩니다. 이 표현을 SQL 구문 형식으로 쓰면 다음과 같습니다.

```
SELECT [월] FROM [00고등학교 1학년 3반] WHERE [차시] = 4
```

(데이터베이스의 구조를 구성하는 이름을 구분하기 위해 '[' , ']'를 사용했습니다. 열 표기 방법은 데이터베이스마다 프로그래밍 언어마다 조금씩 다릅니다.)

SQL로 표준화되면서, 데이터베이스 전문 제작 업체들은 자료를 내부적으로 잘 저장하는 방법에만 관심을 가지게 되었습니다. 대표적인 전문 데이터베이스 프로그램이 오라클 DB, MSSQL, MySQL입니다(데이터베이스 프로그램 이름에도 SQL이라는 단어가 사용되다 보니 SQL이라는 단어 자체를 프로그램 이름으로 착각하는 경우가 있습니다. 하지만 SQL은 프로그램의 이름이 아닙니다). 이와 같은 데이터베이스 프로그램을 사용해서 코딩할 때, 데이터베이스에 연결하는 명령어만 데이터베이스마다 조금씩 다르고, 데이터베이스와 대화하는 언어는 모두 SQL을 사용합니다.

데이터베이스를 검색하는 순서

컴퓨터가 ○○고등학교 1학년 3반 시간표에서 자료를 찾는 순서를 한번 생각해 보겠습니다. '자료 찾는 순서를 생각해 본다'는 말이 좀 이상하게 들리나요? 앞서 예로 든 월요일 4교시 과목을 찾는다고 치면, 시간표를 보고 월요일 4교시를 쿡 짚는 것이 우리에게는 어렵지 않습니다. 그런데 조건과 반복만 아는 컴퓨터에게는 참 어려운 일입니다. 그래서 '쿡 어떻게 짚을지' 순서를 정해 주어야만 합니다.

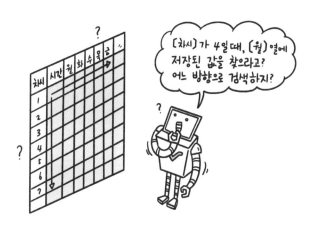

관계형 데이터베이스에서는 아래와 같이 왼쪽 맨 위칸에서 시작해 위에서 아래로 먼저 이동하다 조건이 맞으면 왼쪽 또는 오른쪽으로 이동합니다.

차시	시간	월	화	수	목	금
1	09:00~09:50	수학	음악	영어	국어	영어
2	10:00~10:50	영어	국어	화학	영어	수학
3	11:00~11:50	한자	영어	체육	수학	국사
4	13:00~13:50	세계사	수학	수학	물리	화학
5	14:00~14:50	국어	국사	물리	화학	국어
6	15:00~15:50	미술	화학	국어	세계사	세계사
7	16:00~16:50	물리		국사	국사	

조건인 [차시]=4가 나올 때까지 위에서부터 아래로 검색합니다.

차시	시간	월	화	수	목	금
1	09:00~09:50	수학	음악	영어	국어	영어
2	10:00~10:50	영어	국어	화학	영어	수학
3	11:00~11:50	한자	영어	체육	수학	국사
4	13:00~13:50	세계사	수학	수학	물리	화학
5	14:00~14:50	국어	국사	물리	화학	국어
6	15:00~15:50	미술	화학	국어	세계사	세계사
7	16:00~16:50	물리		국사	국사	

[월] 자료를 찾기 위해 오른쪽으로 이동합니다.

찾는 순서를 알았으니, 하나만 더 생각해 볼게요. 만약 [차시]가 4인 조건에서 모든 자료를 찾고 싶을 때는 어떻게 표현할까요? 다행히 컴퓨터 세계에 '모든'을 의미하는 표시가 있습니다. 바로 우리가 흔히 별표시라고 말하는 '*' 표시입니다.

그래서 [차시]가 4일 때의 모든 자료를 찾으라고 하는 SQL 구문 형식은 다음과 같습니다.

```
SELECT * FROM [OO고등학교 1학년 3반] WHERE [차시] = 4
```

실제로는 위의 예시와 같이 하나의 자료를 찾기보다는 여러 개의 자료를 찾는 경우가 더 많습니다. 다른 경우로 아래 SQL 구문을 볼게요.

```
SELECT * FROM [OO고등학교 1학년 3반] WHERE [차시] > 4
```

[차시]가 4보다 큰 모든 값을 찾으라고 했네요. 많은 값이 검색되겠죠? 이렇게 여러 값이 검색되고 나면, 검색된 값을 불러오는 순서도 정해야 합니다. 이때 나오는 개념이 검색 결과를 의미하는 ResultSet(결과 세트)입니다. 실제로 저장되는 데이터베이스는 아니지만, 검색 결과 때문에 만들어지는 임시 '표'라고 이해할 수 있습니다.

이 ResultSet에서 자료를 찾을 때는 반복문을 사용해서 값을 위에서부터 읽습니다. 그리고 왼쪽에서 오른쪽 방향으로는 가장 왼쪽을 0번째라고 하고, 순번을 정해서 찾습니다. 실제 코딩 단계에서 필요한 설명이기 때문에, ResultSet에서 자료를 찾는 방법에 대해서는 여기까지만 설명하겠습니다.

SQL의 다양한 예시

지금까지는 SQL로 자료를 찾는 방법만 알아봤습니다. 이번엔 자료를 삭제, 추가, 수정하는 등 자료를 관리하는 다양한 대화 방법을 알아보겠습니다.

○○고등학교 1학년 3반 시간표에서, 화요일 6교시 과목인 화학을 없애보겠습니다.

```
삭제하기: [화]
어디서: [00고등학교 1학년 3반]
어떤 조건: [차시] = 6
```

이것을 SQL 형식으로 표현하면 다음과 같습니다.

```
DELETE [화] FROM [00고등학교 1학년 3반] WHERE [차시] = 6
```

만약에 [차시]가 6인 모든 자료를 삭제하려면 어떻게 표현하면 될까요?

```
DELETE * FROM [00고등학교 1학년 3반] WHERE [차시] = 6
```

[차시]가 3보다 큰 자료를 모두 삭제한다면요?

```
DELETE * FROM [00고등학교 1학년 3반] WHERE [차시] > 3
```

간단하죠? 이번에는 자료를 수정하는 방법입니다. 수요일 3교시 과목을 '수학'으로 변경해 보겠습니다.

```
수정하기: [00고등학교 1학년 3반]
수정내용: [수] = "수학"
어떤 조건: [차시] = 3
```

SQL 언어 형식으로 표현하면 다음과 같습니다.

```
UPDATE [00고등학교 1학년 3반] SET [수] = "수학" WHERE [차시] = 3
```

이번엔 자료를 추가하는 방법입니다. 이때 '추가'는 하나의 행을 추가한다는 의미입니다. 각 열의 구조는 초기에 만들어지기 때문에, 없던 자료를 만드는 추가 작업에는 긴 명령어가 필요합니다. ○○고등학교 1학년 3반에 월요일부터 수요일까지는 수학, 목요일은 영어, 금요일은 국어로 구성된 0교시를 추가해 보겠습니다.

```
추가하기: [00고등학교 1학년 3반] ([차시], [시간], [월], [화], [수], [목], [금])
값: (0, "08:00~08:50", "수학", "수학", "수학", "영어", "국어")
```

SQL 언어 형식으로 표현하면 다음과 같습니다.

```
INSERT INTO [00고등학교 1학년 3반] ([차시], [시간], [월], [화], [수], [목], [금])
VALUES (0, "08:00~08:50", "수학", "수학", "수학", "영어", "국어")
```

SQL로 할 수 있는 것들이 이해되나요? 기본적인 찾기, 삭제하기, 수정하기, 추가하기 외에도 다양한 데이터베이스 관리를 SQL로 할 수 있습니다.

실제 코딩에서 SQL 사용하기

장황하게 SQL을 배워보았습니다. 이제 마지막으로 실제 코딩에서 SQL을 어떻게 사용하는지 알아보겠습니다. SQL을 사용하기 위해서는 우선 내가 만들고 있는 프로그램과 데이터베이스를 연결해야 합니다. 이렇게 연결이 끝나면, 연결된 데이터베이스에서 SQL로 명령을 해주면 됩니다.

앞서 설명한 대로, SQL은 데이터베이스의 종류에 상관없이 형태가 동일합니다. 따라서 실제 코드에서 다른 부분이 있다면 데이터베이스를 연결하는 명령어라고 생각하면 됩니다. 실제 자바 언어에서 데이터베이스를 연결하는 코드는 아래와 같습니다.

```
import java.sql.*;
class MysqlCon{
  public static void main(){
    try{
```

→ 데이터베이스 연결

```
❶ Class.forName("com.mysql.jdbc.Driver");
   Connection con=DriverManager.getConnection("jdbc:mysql://","root","root");
   Statement stmt=con.createStatement();
```

→ SQL로 명령

```
❷ ResultSet rs=stmt.executeQuery("select * from 시간표 where 차시 > 4");
```

→ 자료 찾기

```
❸ while(rs.next(){
     System.out.println(rs.getInt(1)+"   "+rs.getString(2)+"   "+rs.getString(3));
   }
```

```
        con.close();
    }catch(Exception e){
        System.out.println(e);
    }
  }
}
```

❶ 데이터베이스를 연결하는 구문입니다. 좀 복잡해 보이죠? 하지만 실제 코딩에 들어가면, 이 부분은 복사해서 붙여넣기로 사용합니다. 직접 작성할 일은 거의 없어요.

❷ SQL로 데이터베이스에 명령하는 구문입니다. 앞서 배운 select로 시작하는 SQL 구문이 보이네요. 그리고 왼쪽에 ResultSet라는 단어가 보이나요? 검색select해서 나온 임시 데이터베이스 결과를 저장하기 위해 자바에서 제공하는 ResultSet 클래스의 인스턴스를 만드는 과정입니다.

❸ 검색된 자료를 위에서부터 아래로 하나씩 훑어가면서 찾기 위해 반복문을 사용합니다.

프로그램에서 자료를 저장하는 방법을 이해하기 위해서 관계형 데이터베이스의 의미와 이를 사용하기 위한 표준 명령어인 SQL을 간단히 알아보았습니다. 실제로 데이터베이스 관리는 두꺼운 책 한 권 분량의 설명이 필요할 만큼 깊은 이해가 필요한 영역입니다. 그러니 잘 이해되지 않는다고 낙심하지 마세요.

05-7

그래픽 화면 코딩
맛보기

지금까지 우리는 검은 바탕에 흰색 글자가 나오는 결과 화면만 봤습니다. 이를 텍스트 화면이라고 해요. 그런데 여러분이 사용하는 프로그램들은 이렇지 않지요? 세련된 인터페이스에 아이콘 모양도 다양합니다. 이렇게 멋지게 디자인된 그래픽 화면에서 표현하려면 어떻게 코딩해야 할까요? 이 책의 마지막 순서로, 그래픽 화면으로 코딩하는 방법을 알아보겠습니다.

텍스트 화면 vs 그래픽 화면

예전에 썼던 **도스**^{DOS, Disk Operating System} 컴퓨터 화면을 본 적 있나요? 그때는 화면에 글자만 주르륵 나왔습니다. 그 당시에는 글자로 묻고 답하는 방식으로만 사용자가 컴퓨터와 대화할 수 있었습니다.

즉, 컴퓨터가 글자로 무엇인가를 물어보면, 사용자가 이에 대한 답을 하는 방식

266

이었습니다. 컴퓨터가 기회를 주어야(컴퓨터
의 허락을 받아야) 사용자가 입력할 수 있었던
것이죠. 요컨대 도스 시절엔 질문의 기회를
주는 주체가 컴퓨터였습니다.

텍스트 화면

그런데 **그래픽**GUI, Graphical User Interface 화면
의 시대로 넘어오면서 상황이 완전히 달라
졌습니다. 질문의 주체가 컴퓨터가 아니라
사용자에게로 넘어온 것이죠.

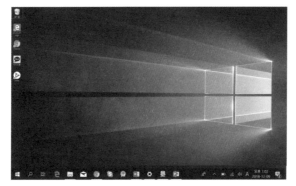
그래픽 화면

우리가 흔히 사용하는 윈도우 화면에는 사용자가 언제든 실행할 수 있는 수많은
선택이 아이콘으로 표현되어 있습니다. 그리고 사용자는 컴퓨터에 미리 허락받
지 않아도, 아이콘을 누를 수 있습니다. 예를 들면, 윈도우 아이콘을 클릭해서 윈
도우 메뉴를 확인할 수도 있고, 크롬 아이콘을 클릭해서 크롬을 실행할 수도 있으
며, 시계 아이콘을 눌러서 달력을 확인할 수도 있죠.

컴퓨터의 허락이 필요 없는 사용자 중심의 그래픽 화면 시대가 도래하면서 새로
운 개념이 도입되는데, 바로 **이벤트**Event라는 개념입니다.

일이 생기는 그 순간을 의미해요: 이벤트

우선 이벤트의 단어 뜻부터 확인해 볼까요?

event
1. (특히 중요한) 사건[일]
2. 행사
3. (스포츠 대회 중에 진행되는) 경기[종목]

'사건'이라는 뜻이네요. 어떤 사건을 얘기하는 걸까요? 예, 맞습니다. 사용자가 아이콘을 클릭하는 '사건'을 이벤트라고 부릅니다. 그리고 그래픽 화면에서는 이 이벤트를 중심으로 코딩을 합니다. 핸드폰 앱을 예시로 간단하게 표현하면 다음과 같습니다.

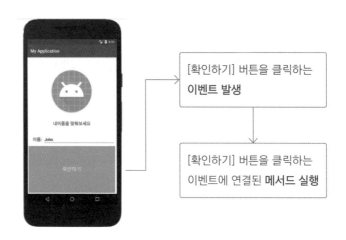

즉, 사용자가 무엇인가 실행했을 때 행동할 메서드를 코드로 정의하면 됩니다.

픽셀로 표현되는 화면 속 위치

핸드폰 앱에서 사용자가 화면의 어디든 클릭할 수 있지요? 코딩하는 사람 입장에서 생각하면 화면의 위치도 고려해 코딩해야 한다는 것을 의미합니다. 그래픽 화면에서 위치를 찾는 방법을 알아보겠습니다.

책을 읽다가 현재까지 읽은 위치를 표시하려면 어떻게 하나요? 대부분 책갈피나 포스트잇을 이용해 읽은 위치를 표시해 둘 것입니다.

이렇게 책갈피나 포스트잇으로 읽은 위치를 표시할 수 있는 이유는 책이 처음부터 끝까지 순서대로 쓰여 있기 때문입니다. 1쪽 다음에 2쪽의 내용이 이어지는, 당연한 이유 때문이죠.

이번엔 오른쪽의 그림을 감상해 보겠습니다. 그림을 감상하다가, 시간이 없어서 내일 이어서 감상을 하려고 합니다. 오늘까지 감상한 부분을 어떻게 표시할까요? 참 애매합니다. 왜냐하면 그림에는 책과 같이 읽는 순서가 없기 때문입니다.

텍스트 화면과 그래픽 화면의 차이도 이와 마찬가지입니다.

텍스트 화면   그래픽 화면

텍스트 화면에서는 '바로 앞 텍스트'와 같이 위치를 표현할 수 있습니다. 그런데
그래픽 화면에서는 '바로 앞의 그래픽 요소'라고 말할 수 없습니다. 그래서 위치
를 다른 방식으로 표현합니다.

그래픽 화면을 이루는 단위: 픽셀

그림에서 위치를 찾는 방법을 이해하기 위해서, 먼저 **픽셀**Pixel이라는 단위를 알
아야 합니다. 우리가 보는 컴퓨터 화면은 경계선 없이 매끄러워 보이지만, 크게
확대해서 보면 아래 그림과 같이 수많은 사각형의 조합으로 이루어진 것을 알 수
있습니다.

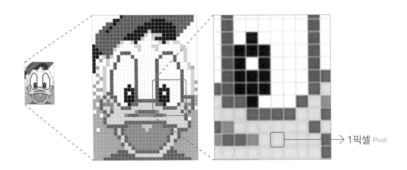

$\rightarrow$ 1픽셀 Pixel

이렇게 수많은 사각형의 조합이 우리 눈에 경계 없이 매끄럽고 자연스럽게 보이는 이유는 사람의 눈으로 확인할 수 없을 만큼 작은 크기의 사각형들을 연결해 색을 표현했기 때문입니다. 하나의 사각형에는 하나의 색상만 표현하는데, 이 사각형을 픽셀이라고 합니다.

그렇다면 같은 크기의 화면을 더 많은 픽셀로 구현한다면 더 자연스러워 보여서 사람 눈을 더 잘 속일 수 있겠죠? 이처럼 픽셀 수의 많고 적음을 표현할 때 화면의 가로, 세로 픽셀 수를 사용합니다.

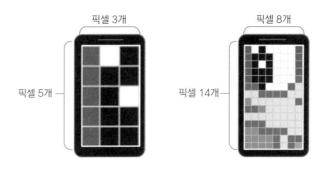

위치를 알려줄 때 픽셀을 사용해요

그래픽 화면에서 위치를 나타낼 때도 픽셀 단위를 사용합니다. 만약 아래 지도가 가로 1024픽셀, 세로 758픽셀의 화면 위에 표현된 그림이라면, 어린이집의 위치는 왼쪽에서 오른쪽으로 가로 750픽셀, 그리고 아래에서 위쪽으로 세로 345픽셀 떨어진 위치에 있다고 표현할 수 있습니다.

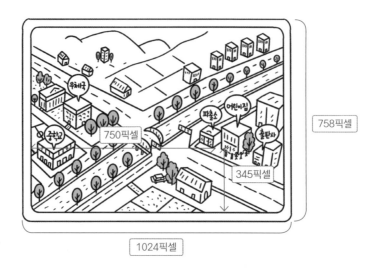

이와 비슷하게 컴퓨터 화면에서 버튼의 위치를 정할 때도, '화면 왼쪽에서 오른쪽으로 몇 픽셀, 아래에서 위로 몇 픽셀 떨어진 곳에 놓으세요'라고 명령해야 버튼이 원하는 위치에 놓입니다.

그래픽에서 위치를 표현하기 위해 화면의 거리 단위인 픽셀을 이용한다는 것이 이해되었나요? 실제 프로그래밍을 할 때는 픽셀 값이 단순하지 않습니다. 우리가 사용하는 컴퓨터는 다양한 해상도를 가지고 있기 때문입니다. 오른쪽 표만 봐도 스마트폰 기종에 따라 해상도가 가지각색입니다.

스마트폰 기종	해상도(가로 × 세로)
아이폰 XS	1125 × 2436픽셀
갤럭시 S10	1440 × 3040픽셀
아이폰 6	750 × 1334픽셀
갤럭시 S9	1440 × 2960픽셀

정말 다양하죠? 그럼에도 어느 기종이든 동일한 모습이 보여야 하기 때문에 실제 그래픽 환경에서 프로그래밍할 때는 여러 가지 해상도를 고려해야 합니다.

26쪽 경찰의 암호 코드 해킹하기

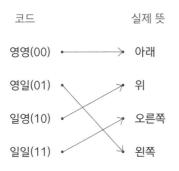

코드

영영(00) ●————————→ 아래

영일(01) ●   → 위

일영(10) ●   → 오른쪽

일일(11) ●   ↘ 왼쪽

실제 뜻

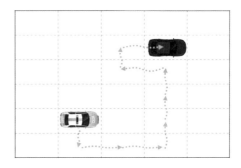

47쪽 은주, 지은, 서준을 속성으로 표현하기

이번 문제는 답이 정해져 있지 않습니다. 아래 답안은 참고만 하세요.

속성 항목	속성값		
이름	은주	지은	서준
머리색	노랑	갈색	검정
성별	여자	여자	남자
키	175	167	172

53쪽 점(.)으로 속성 표현하기

은주	**학생** 은주; 은주.머리색 = "노랑"; 은주.성별 = "여자"; 은주.키 = "175";
지은	**학생** 지은; 지은.머리색 = "갈색"; 지은.성별 = "여자"; 지은.키 = "167";
서준	**학생** 서준; 서준.머리색 = "검정"; 서준.성별 = "남자"; 서준.키 = "172";

68쪽 컴퓨터의 메모리 종류 복습하기

Q1

계산공간
= Cache Memory
= 캐시 메모리

작업공간
= RAM Memory
= 램 메모리

저장공간
= Storage Memory
= 저장 메모리

Q2

모델명	X560UD-BQ014
색상	블랙+라이트닝블루
프로세서	인텔® 코어TM i5-8250U 1.6GHz (6MB 캐시, 최대 3.4GHz)
운영체제	Windows 10
메모리	DRAM DDR4 8GB
저장장치	256GB SSD
디스플레이	15.6인치(1920 x1080)

캐시 메모리: 6MB
램 메모리: 8GB
저장 메모리: 256GB

77쪽 메모리 그릇 크기 이해하기

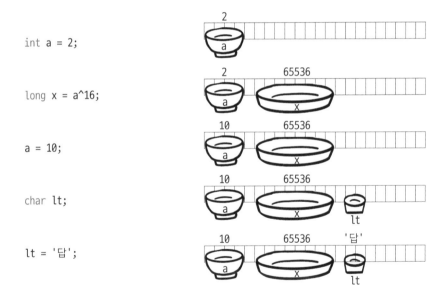

```
int a = 2;

long x = a^16;

a = 10;

char lt;

lt = '답';
```

잠깐! 세 번째 줄 코드에서 a가 10이 되면 x의 값도 10의 16승이 되어야 하는 것 아니냐고요? 아닙니다. x의 메모리 그릇에 저장되는 순간에 a의 값이 2였기 때문에, 이후에 a의 값이 변경되더라도 x의 값은 변함이 없습니다.

```
int 브라우니만들기(int 버터, int 초콜릿, int 믹스넛, int 바닐라, int 달걀){
    초콜릿을 냄비에 넣고 녹인다;
    버터를 잘게 잘라서 냄비에 넣고 녹인다;
    그릇에 달걀을 풀어 놓는다;
    달걀을 푼 그릇에 녹인 초콜릿과 바닐라를 넣고 잘 섞는다.
    오븐그릇에 담은 다음 믹스넛을 고르게 뿌린다;
    오븐에 180도로 25~30분 굽는다;
    return 만든브라우니갯수;
}
```

기초 프로그래밍을 정식으로 배우고 싶다면?

Do it!
자바 완전 정복

국내 최다 도해 & 그림
1년치 영상 강의까지!
자바 입문서 끝판왕 등장!

난이도 ●○○○○
김동형 지음 | 30,000원

Do it!
C 언어 입문

실무 20년, 현업 프로그래머가
초보자를 위해 엮었다!
120개 예제·270개 그림으로 배우는
C 프로그래밍 기본!

난이도 ●○○○○
김성엽 지음 | 25,000원

웹 프로그래밍을 기초부터 시작하고 싶다면?

Do it!
HTML+CSS+자바스크립트 웹 표준의 정석

웹 분야 1위! 그만한 이유가 있다!
키보드를 잡고 실습하다 보면
웹 개발의 3대 기술이 끝난다!

난이도 ●○○○○
고경희 지음 | 30,000원

Do it!
자바스크립트 +제이쿼리 입문

난이도 ●●○○○
정인용 지음 | 20,000원

Do it!
반응형 웹 페이지 만들기

난이도 ●●○○○
김운아 지음 | 20,000원

Do it!
인터랙티브 웹 페이지 만들기

난이도 ●●○○○
최성일 지음 | 28,000원